黑龙江
黑龙江
松花江
哈尔滨
长春
吉林
内蒙古自治区
沈阳
北京市
辽宁
朝鲜
呼和浩特
恒山
渤海
天津市
河北
韩国
银川
太原
石家庄
山西
济南
泰山
山东
黄海
日本
陕西
黄
河
嵩山
郑州
西安
华山
江苏
河南
合肥
南京
太湖
上海市
安徽
湖北
武汉
黄山
杭州
长
江
庐山
鄱阳湖
浙江
重庆市
洞庭湖
东海
南昌
长沙
江西
湖南
贵州
衡山
福州
福建
贵阳
台北
北回帰線
台湾海峡
台湾
广西壮族自治区
广东
广州
南宁
西江
澳门
香港
南
海口
南海
海南
0
400
800km
50°
40°
135°
35°
30°
25°
130°
20°
110°
115°
120°
125°

JN067880

リスニング強化

演じる
入門中国語

李林静　中桐典子　余瀾

朝日出版社

音声ダウンロード

音声再生アプリ「リスニング・トレーナー」新登場(無料)

朝日出版社開発のアプリ、「リスニング・トレーナー(リストレ)」を使えば、教科書の音声をスマホ、タブレットに簡単にダウンロードできます。どうぞご活用ください。

まずは「リストレ」アプリをダウンロード

› App Storeはこちら

› Google Playはこちら

アプリ【リスニング・トレーナー】の使い方

❶ アプリを開き、「**コンテンツを追加**」をタップ

❷ QRコードをカメラで読み込む

❸ QRコードが読み取れない場合は、画面上部に **45328** を入力し「Done」をタップします

パソコンからも以下のURLから音声をダウンロードできます

http://audiobook.jp/exchange/asahipress

› **音声ダウンロード用のコード番号【45328】**

※audiobook.jpへの会員登録(無料)が必要です。すでにアカウントをお持ちの方はログインしてください。

QRコードは㈱デンソーウェーブの登録商標です

Webストリーミング音声

http://text.asahipress.com/free/ch/245328

はじめに

皆さんの多くは、大学の第二外国語として中国語を選択した学生だと思います。そして皆さんの一番の学習目標は「話せるようになりたい」ということでしょう。ところが、まじめに学習に取り組み、筆記試験ではいつも満点なのに話せない…このような学生が毎年少なくありません。そこで、こうした状況を打破すべく、昨年は、中国語を「口に出す」ことに主眼を置いた『あなたが主役　演じる入門中国語』を世に出しました。そして、今年は「会話」のもう一つの側面、「聞く」力の強化を図ろうと考え、このテキストを編みました。日常生活でよく使われる単語やフレーズがリスニング問題として繰り返し出てきますので、耳が十分に鍛えられることと思います。

このテキストの構成は、次の通りです。

【発音編】…発音の基礎となるピンインを中心に学びます。
【本編】①絵を見て言ってみよう…日常生活でよく使う文型や言い回しを、いろいろな方法で練習。頭ではなく、身体で中国語に慣れて下さい。
②文法説明…①で練習した文型を簡単に文法説明します。
③会話…さまざまな場面における「私」と相手による会話文です。
聴き取り練習も兼ねています。
④新出単語…中国語検定試験も念頭に置いて、厳選しました。
⑤練習Ａ…単語・フレーズ・会話文の聴き取り、日文中訳から成っています。
★６課ごとに「復習の課」があります。
リスニング、ピンイン、空所補充、簡体字確認、語順整序などの問題から成っています。
【付録】練習Ｂ…時間に余裕がある時のための補充問題です。また、隔年の授業で「練習Ａ」と交互に使用することもできます。
【単語一覧表】…発音編、本編で扱った全ての単語の索引です。

このテキストには、楽しいイラストがふんだんにちりばめられています。イラストを見ながら中国語を話し、聴き取り、楽しんで学習して下さい。そして１年後、皆さんの口から「簡単な会話ならできます！」という声が聞けることを願っています。

著者

目　次

発　音

- 皆さんが学習するのは“普通话 pǔtōnghuà”と呼ばれる中華人民共和国の公用語です。
- 発音にはピンインと呼ばれる表記法が用いられています。ピンインは母音、子音、声調の３つの部分から成っています。
- ここでは、まずピンインの学習から始めます。そのほかの発音ルールとも併せて、中国語の発音の基礎を学びましょう！

1 声調

CD 01

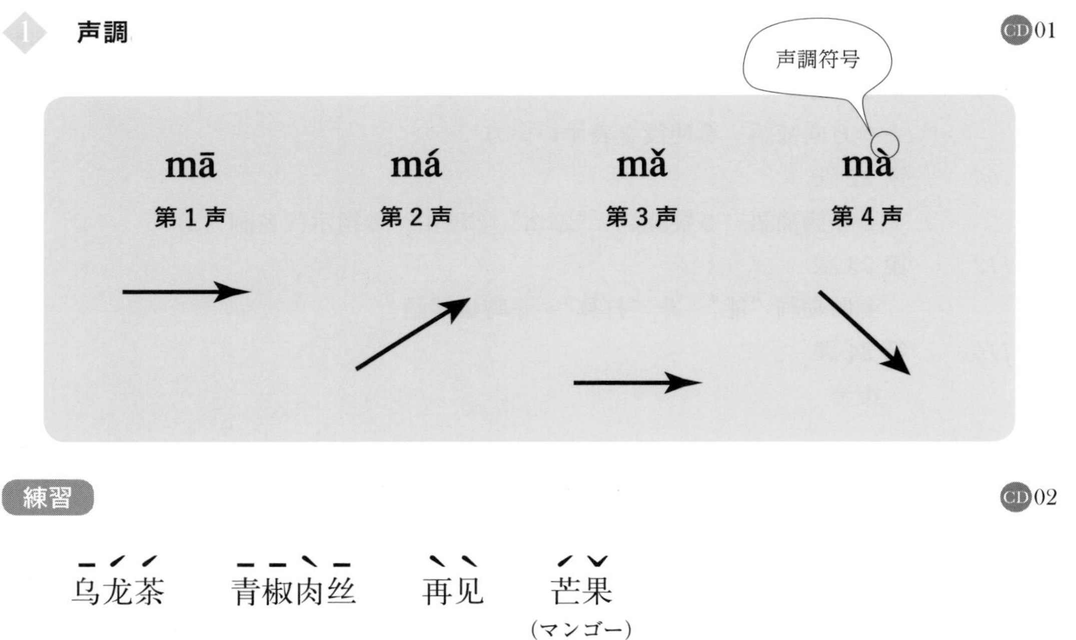

練習　CD 02

乌龙茶　青椒肉丝　再见　芒果（マンゴー）

よく使うスタンプ

CD 07

加油
jiāyóu
（頑張れ！）

开心
kāixīn
（嬉しい！）

2 軽声

CD03

◇前の音節に続けて、軽く発音する。
◇声調符号は付けない。

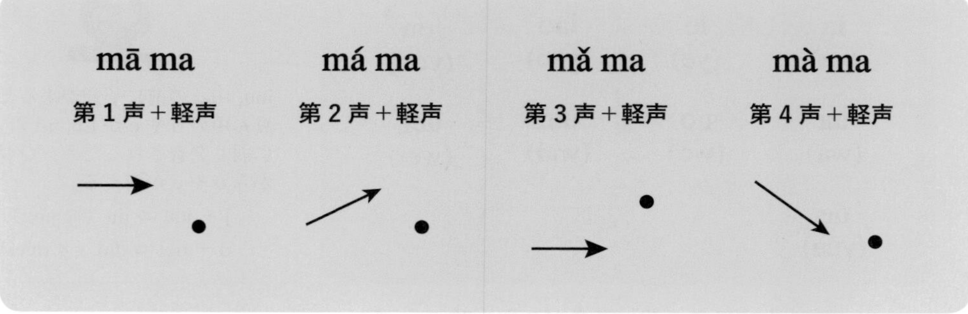

練習

CD04

妈妈 谢谢 饺子 麻婆豆腐
（お母さん）

3 単母音

CD05

a	o	e	i	u	ü	er
			(yi)	(wu)	(yu)	

◇（ ）の中は母音の前に子音がこない時のつづり。

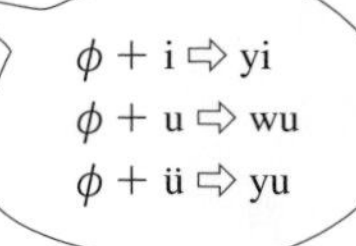

練習

CD06

yī	wǔ	yú	è
一	五	鱼	饿
			（空腹である）

讨厌
tǎoyàn
（いやなやつ！）

友だちが
上手に発音でき
たら、赞！

赞
zàn
（いいね！）

複母音

CD08

ai	ei	ao	ou
ia (ya)	ie (ye)	iao (yao)	iou* (you)
ua (wa)	uo (wo)	uai (wai)	uei* (wei)
üe (yue)			

iou, uei の前に子音が来るとき、真ん中の o や e が iou, uei のように弱く発音されるため、つづりから o や e が消える。

j + iou ⇒ jiu（× jiou）

d + uei ⇒ dui（× duei）

◇（　）の中は母音の前に子音がこない時のつづり。

ϕ + iao ⇨ yao

ϕ + uo ⇨ wo

ϕ + üe ⇨ yue

練習

CD09

wǒ	yào	ài	yéye
我	药	爱	爷爷
（私）	（薬）	（愛する）	（おじいさん）

5 子音

CD10

	無気音	有気音		
唇音	b (o)	p (o)	m (o)	f (o)
舌尖音	d (e)	t (e)	n (e)	l (e)
舌根音	g (e)	k (e)	h (e)	
舌面音	j (i)	q (i)	x (i)	
そり舌音	zh (i)	ch (i)	sh (i)	r (i)
舌歯音	z (i)	c (i)	s (i)	

◇子音だけで発音練習するのが難しいので、習慣的に（　）の母音をつけて練習する。

子音 j、q、x と母音 ü が結びついた時、ウムラウト（ü の上の点々）を取って表記する。

j + ü ⇒ ju　（× jü）

q + üe ⇒ que　（× qüe）

x + üan ⇒ xuan　（× xüan）

※ üan　は鼻母音のところで学習する。

音節を発音する時は、子音と母音を合体させ、それに声調を乗せます。

例えば、

sh ＋ ou ⇨ shou ＋ mǎ ⇨ shǒu

“sh” と “ou” を
合体させ
それに第３声を乗せて
練習しましょう。

練習 CD11

shǒujī	niúnǎi	xuéxiào	qù yóujú
手机	牛奶	学校	去 邮局
（携帯電話）	（牛乳）	（学校）	（郵便局に行く）

6 鼻母音 CD12

an	ang	en	eng
in (yin)	ing (ying)	ian (yan)	iang (yang)
uan (wan)	uang (wang)	uen* (wen)	ueng (weng)
ong	iong (yong)	üan (yuan)	ün (yun)

uen の前に子音が来るとき、真ん中の e が uen のように弱く発音されるため、つづりから e が消える。
d ＋ uen ⇒ dun （× duen）

◇（ ）の中は母音の前に子音がこない時のつづり。

ϕ ＋ ian ⇨ yan
ϕ ＋ uen ⇨ wen
ϕ ＋ üan ⇨ yuan

練習 CD13

Yīngyǔ	chōuyān	Chángchéng	Wǒmen shì Rìběnrén.
英语	抽烟	长城	我们 是 日本人。
（英語）	（タバコを吸う）	（万里の長城）	（私たちは日本人です。）

声調符号の付け方

①ａがあれば、ａの上につける。 hǎo

②ａがなければ、ｅかｏの上につける bēi cuò

③ｉとｕが並んでいたら、後ろの方につける。 jiǔ duì

※ｉの上につける時は上の点を取る。 mǐ

7 声調の変化

1）第３声の変調 CD14

第３声＋第３声　⇒　第２声＋第３声

Nǐ　hǎo.
你　好。

●声調符号はそのまま。

2）"不(bù)"の変調 CD15

bù chī　不吃（食べない）
bù lái　不来（来ない）
bù mǎi　不买（買わない）

bù ＋第４声　⇒　bú ＋第４声

bú qù
不去
（行かない）

●声調符号も変える。

3）"一(yī)"の変調 CD16

yī ＋第１，２，３声　⇒　yì ＋第１，２，３声

yì bēi kāfēi　一杯咖啡（1杯のコーヒー）
yì píng kělè　一瓶可乐（1本のコーラ）
yì wǎn mǐfàn　一碗米饭（1膳のご飯）

●声調符号も変える。

yī ＋第４声　⇒　yí ＋第４声

yí jiàn máoyī
一件毛衣
（1枚のセーター）

●声調符号も変える。

8 儿化 CD17

音節の最後に舌をそり上げる。

huàr　画儿（絵）
wánr　玩儿（遊ぶ）

9 隔音符号 CD18

２番め以降の音節が a, o, e ではじまる場合、前の音節との間に隔音符号［’］を付けて区切りをはっきりさせる。

lià’ài　恋爱（恋愛）
lián’ǒu　莲藕（レンコン）
nǚ’ér　女儿（娘）

会话
huìhuà

（会話）

CD 19

1 Dàjiā hǎo.
大家 好。 みなさん、こんにちは。

Nǐ hǎo.
你 好。 こんにちは。

2 Nǐ jiào shénme míngzi?
你 叫 什么 名字？ お名前は？

Wǒ jiào Língmù Tàiláng.
我 叫 铃木 太郎。 鈴木太郎と申します。

3 Qǐng duō guānzhào.
请 多 关照。 どうぞよろしくお願いします。

4 Duìbuqǐ.
对不起。 ごめんなさい。

Méi guānxi.
没 关系。 構いません。

5 Xièxie.
谢谢。 ありがとう。

Bú kèqi.
不 客气。 どういたしまして。

6 Zàijiàn.
再见。 さようなら。

7 Xīnkǔ le.
辛苦 了。 おつかれさまでした。

単母音“e”は，軽声の時，
「あ」に近い音になるよ。

第 1 课
Dì yī kè

看图说话 kàntú shuōhuà （絵を見て、言ってみよう）

1 指数字を見ながら"一"から"十"までの数字を言ってみましょう。 CD 20

一	二	三	四	五	六	七	八	九	十
yī	èr	sān	sì	wǔ	liù	qī	bā	jiǔ	shí

九十九 jiǔshijiǔ　一百 yìbǎi　一千 yìqiān　一万 yíwàn

2 月日と曜日のいい方を覚えましょう。 CD 21

星期一 xīngqīyī　星期二 xīngqī'èr　星期三 xīngqīsān　星期四 xīngqīsì　星期五 xīngqīwǔ　星期六 xīngqīliù　星期天 xīngqītiān（星期日 xīngqīrì）

星期 几？
Xīngqī jǐ?

一月 yīyuè　二月 èryuè　三月 sānyuè　四月 sìyuè　五月 wǔyuè　六月 liùyuè　七月 qīyuè　八月 bāyuè　九月 jiǔyuè　十月 shíyuè　十一月 shíyīyuè　十二月 shí'èryuè

一 号 yī hào　二 号 èr hào　三 号 sān hào　四 号……三十一 号 sì hào……sānshiyī hào

几 月 几 号？
Jǐ yuè jǐ hào?

语法说明 yǔfǎ shuōmíng （文法説明）

1 名詞述語文（1）——年月日、曜日のいい方 CD 24

動詞を必要とせず、名詞だけで述語になれる文を名詞述語文という。

今天 七月 十四 号。 Jīntiān qīyuè shísì hào.
主語　述語

今天 星期三。 Jīntiān xīngqīsān.

3 携帯電話でカレンダーを出し、二人で日付のいい方を練習しましょう。 CD22

今天 几 月 几 号? Jīntiān jǐ yuè jǐ hào?	今天 ＿月＿号。 Jīntiān ＿ yuè ＿ hào.
昨天 zuótiān	昨天 zuótiān
明天 míngtiān	明天 míngtiān
今天 星期 几? Jīntiān xīngqī jǐ?	今天 星期＿。 Jīntiān xīngqī ＿.
昨天 zuótiān	昨天 zuótiān
明天 míngtiān	明天 míngtiān

4 楽しい年中行事の日付を言いましょう。 CD23

圣诞节 十二月 二十五 号。
Shèngdànjié shí'èryuè èrshiwǔ hào.

情人节 二月 十四 号。
Qíngrénjié èryuè shísì hào.

元旦 一月 一 号。
Yuándàn yīyuè yī hào.

春节……
Chūnjié

「春節」は陰暦の一月一日。陽暦の何月何日に当たるかは年によって異なるよ。

2 疑問詞“几”

＊“几”は数を尋ねる疑問詞の1つ。月日、曜日などに用いることができる。

＊分からない箇所を疑問詞に置き換えれば、疑問詞疑問文が出来上がる。

今天 二月 十五 号。 Jīntiān èryuè shíwǔ hào. 今天 星期五。 Jīntiān xīngqīwǔ.

今天 几 月 几 号? Jīntiān jǐ yuè jǐ hào? 今天 星期 几? Jīntiān xīngqī jǐ?

会话
huìhuà

（会話）

まず音声を聞いて空欄を埋め、さらに会話を練習しましょう。 CD25

§ 幼稚園で日付のいい方を教わった林林ちゃん。家に帰ると、さっそくママにテストです。「私」は林林役。

我：妈妈，（　　　　　　　　　　　）？
wǒ: Māma,　　　　　　　　　　　?

妈妈：今天（　　　　　　　　　　　）。
māma: Jīntiān　　　　　　　　　　.

我：（　　　　　　　　　　　　　　）？
wǒ:　　　　　　　　　　　　　　?

妈妈：今天（　　　　　　　　　　　）。
māma: Jīntiān　　　　　　　　　　.

〈ママ、よくできました！　林林が拍手～〉

私：ママ、今日は何月何日？
ママ：今日は 4 月 25 日よ。
私：今日は何曜日？
ママ：今日は水曜日ね。

生词 shēngcí （新出単語） CD26

① 星期　xīngqī　名 曜日
② 几　jǐ　疑（数を尋ねる）いくつ
③ 月　yuè　名 月
④ 号　hào　名 日
⑤ 今天　jīntiān　名 今日
⑥ 昨天　zuótiān　名 昨日
⑦ 明天　míngtiān　名 明日
⑧ 我　wǒ　代 私
⑨ 妈妈　māma　名 お母さん

练习 A
liànxí

1 音声のあとについて発音しながら、読まれた順に（　）に番号を書きなさい。 CD27

①（　　）今日　（　　）昨日　（　　）明日

②（　　）日曜日　（　　）火曜日　（　　）土曜日

③（　　）14 日　（　　）17 日　（　　）11 日

④（　　）バレンタインデー　（　　）クリスマス　（　　）春節

2 音声を聞いて、絵の説明として適当なものを A ～ C の中から 1 つ選び、その記号を（　）に書きなさい。 CD28

①（　　）　②（　　）　③（　　）　④ 29 30 31（　　）

⑤（　　）　⑥（　　）　⑦ 10月 4日 土曜日（　　）　⑧ Mon 12（　　）

3 会話文を聞いて、問いに中国語で答え、漢字とピンインを書きなさい。 CD29

① 漢字＿＿＿＿＿＿＿＿　ピンイン＿＿＿＿＿＿＿＿

② 漢字＿＿＿＿＿＿＿＿　ピンイン＿＿＿＿＿＿＿＿

4 次の日本語を中国語に訳し、漢字とピンインを書きなさい。

① 昨日は日曜日でした。

漢字＿＿＿＿＿＿＿＿　ピンイン＿＿＿＿＿＿＿＿

② クリスマスは 12 月 25 日です。

漢字＿＿＿＿＿＿＿＿　ピンイン＿＿＿＿＿＿＿＿

第 2 课
Dì èr kè

看图说话 kàntú shuōhuà （絵を見て、言ってみよう）

1 二人で年齢を尋ね合いましょう。

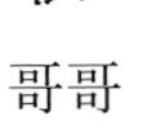

哥哥	姐姐	我	弟弟	妹妹
gēge	jiějie	wǒ	dìdi	mèimei

你 多 大 了？ Nǐ duō dà le? —— 我＿＿岁。 Wǒ＿＿suì.

你 哥哥 nǐ gēge —— 他＿＿岁。 Tā＿＿suì.

你 姐姐 nǐ jiějie —— 她＿＿岁。 Tā＿＿suì.

你 弟弟 几 岁 了？ Nǐ dìdi jǐ suì le? —— 他＿＿岁。 Tā＿＿suì.

你 妹妹 nǐ mèimei —— 她＿＿岁。 Tā＿＿suì.

语法说明 yǔfǎ shuōmíng （文法説明）

1 人称代名詞

	一人称	二人称	三人称	疑問詞
単数	我 wǒ	你 nǐ　您 nín	他　她　它〔tā〕	谁 shéi
複数	我们 wǒmen　咱们 zánmen	你们 nǐmen	他们　她们　它们〔tāmen〕	

＊“您”は“你”の敬称。／“咱们”は聞き手を含んだ「私たち」。

2 名詞述語文（2）——年齢のいい方

我 十八 岁。 Wǒ shíbā suì.

＊年齢の尋ね方……10歳ぐらいまでの子供に　你 几 岁 了？ Nǐ jǐ suì le?

若者、大人に　你 多 大 了？ Nǐ duō dà le?

2 家族の誕生日を尋ね合いましょう。 CD31

A：你 的 生日 几 月 几 号？ B：＿＿月＿＿号。
Nǐ de shēngrì jǐ yuè jǐ hào? ＿＿yuè＿＿hào.

你 爸爸
nǐ bàba

你 妈妈
nǐ māma

3 「誰の～」といういい方を練習しましょう。 CD32

他 的 手机
tā de shǒujī

你 的 月票
nǐ de yuèpiào

谁 的 钱包
shéi de qiánbāo

我 朋友
wǒ péngyou

4 まず、自分の誕生日を書き入れ、さらに二人で会話してみましょう。 CD33

A：我 的 生日 ＿＿月＿＿号。
Wǒ de shēngrì ＿＿yuè＿＿hào.

B：明天?! 祝 你 生日 快乐！
Míngtiān?! Zhù nǐ shēngrì kuàilè!

お誕生日おめでとう！

3 A “的”（B）――「A の（B）」

我 的 电脑 wǒ de diànnǎo　妈妈 的 工作 māma de gōngzuò

（省略）❶“的”の後ろの名詞は省略できる。

我 的 生日 三月 七 号。 Wǒ de shēngrì sānyuè qī hào.

――他 的 （生日） 四月 十 号。 Tā de (shēngrì) sìyuè shí hào.

❷人称代名詞＋“的”の後ろに親族呼称、人間関係、所属関係を表す語が来るとき、“的”は省略できる。

我 爸爸 wǒ bàba　她 朋友 tā péngyou　他们 公司 tāmen gōngsī

会话
huìhuà

（会話）

まず音声を聞いて空欄を埋め、さらに会話を練習しましょう。 CD35

§ 今度はママが林林ちゃんにテストです。「私」は林林役。

妈妈：林林，（　　　　　　　　　　　　）？
māma: Línlin,　　　　　　　　　　　　　?

我：〈指を４本立てて〉我（　　　　　　　　　　）。
wǒ: Wǒ　　　　　　　　　　.

妈妈：（　　　　　　　　　　　　　　）？
māma:　　　　　　　　　　　　　?

我：嗯……（　　　　　　　　　　）。
wǒ: Ňg　　　　　　　　　　.
〈林林すごい！ママも拍手～〉

ママ：リンリン、お年はいくつ？
私：あたし、４歳。
ママ：お誕生日は何月何日？
私：えっと～、８月15日。

生词 shēngcí （新出単語） CD36

① 多大	duō dà		何歳ですか
② 岁	suì	量	歳
③ 的	de	助	～の
④ 生日	shēngrì	名	誕生日
⑤ 快乐	kuàilè	形	楽しい
⑥ 朋友	péngyou	名	友達
⑦ 电脑	diànnǎo	名	パソコン
⑧ 工作	gōngzuò	名	仕事
⑨ 公司	gōngsī	名	会社
⑩ 嗯	ňg	感	ええと（考えながら話すときに用いる）

1 音声のあとについて発音しながら、読まれた順に（ ）に番号を書きなさい。

CD 37

① （　　）あなたたち （　　）私たち （　　）彼女たち

② （　　）お姉さん （　　）お兄さん （　　）弟

③ （　　）携帯電話 （　　）定期券 （　　）財布

④ （　　）4歳 （　　）7歳 （　　）10歳

2 音声を聞いて、絵の説明として適当なものをA～Cの中から1つ選び、その記号を（ ）に書きなさい。

CD 38

①  （　　） ②  （　　） ③  （　　） ④  （　　）

⑤  （　　） ⑥  （　　） ⑦  （　　） ⑧  （　　）

3 会話文を聞いて、問いに中国語で答え、漢字とピンインを書きなさい。

CD 39

① 漢字＿＿＿＿＿＿＿＿ ピンイン＿＿＿＿＿＿＿＿

② 漢字＿＿＿＿＿＿＿＿ ピンイン＿＿＿＿＿＿＿＿

4 次の日本語を中国語に訳し、漢字とピンインを書きなさい。

① あなたのお兄さんはおいくつですか？

漢字＿＿＿＿＿＿＿＿ ピンイン＿＿＿＿＿＿＿＿

② 私の父の誕生日は7月14日です。

漢字＿＿＿＿＿＿＿＿ ピンイン＿＿＿＿＿＿＿＿

第 3 课

Dì sān kè

看图说话 kàntú shuōhuà （絵を見て、言ってみよう）

1 時刻のいい方を練習しましょう。 CD40

一 点　两 点　三 点　四 点 …… 十二 点
yī diǎn　liǎng diǎn　sān diǎn　sì diǎn　shí'èr diǎn

两 点 五 分
liǎng diǎn wǔ fēn

四 点 半
sì diǎn bàn

六 点 十五 分 ＝ 六 点 一 刻
liù diǎn shíwǔ fēn　liù diǎn yí kè

十 点 四十五 分 ＝ 十 点 三 刻
shí diǎn sìshiwǔ fēn　shí diǎn sān kè

2 時計の絵を見ながら　二人で会話してみましょう。 CD41

A：现在 几 点 了？
Xiànzài jǐ diǎn le?

B：现在 ＿＿＿＿＿ 了。
Xiànzài ＿＿＿＿＿ le.

语法说明 yǔfǎ shuōmíng （文法説明）

1 名詞述語文（3）—— 時刻のいい方 CD44

现在 几 点 （了）？ —— 现在 八 点 十 分 （了）。

Xiànzài jǐ diǎn (le)?　Xiànzài bā diǎn shí fēn (le).

2 文末の語気助詞 ～"吧" —— ①提案「～しよう」

咱们 快 吃饭 吧。 Zánmen kuài chīfàn ba.

3 「形容詞＋“了”」を使って「～になった」といういい方を練習しましょう。 CD 42

我 累 了。
Wǒ lèi le.

我 困 了。
Wǒ kùn le.

我 饿 了。
Wǒ è le.

我 渴 了。
Wǒ kě le.

4 絵を見ながら、動作を表すことばを覚えましょう。 CD 43

起床
qǐchuáng

睡觉
shuìjiào

上课
shàngkè

上班
shàngbān

回家
huíjiā

吃饭
chīfàn

3 **文末の語気助詞 ～“了”——変化を表す。「～になった／～になる」**

文末に語気助詞“了”を加えることにより、「そうでなかった」ものが「そうなった」という変化のニュアンスが加わる。

[现在 七 点] 了。 Xiànzài qī diǎn le.

[我 十八 岁] 了。 Wǒ shíbā suì le.

[我 饿] 了。 Wǒ è le.

会话
huìhuà

（会話）

まず音声を聞いて空欄を埋め、さらに会話を練習しましょう。 CD45

§ ある休日の夜。携帯に没頭している両親に、小学生の太郎君もやれやれ…。「私」は太郎君役です。

我：快 吃饭 吧，（　　　　　　　　）。
wǒ: Kuài chīfàn ba, 　　　　　　　　.

爸爸：欸？（　　　　　　　　）？
bàba: Éi? 　　　　　　　　?

我：已经（　　　　　　　　）。
wǒ: Yǐjīng 　　　　　　　　.

爸爸：真 的？ 糟 了，糟 了！ 我 的 电视 节目……
bàba: Zhēn de? Zāo le, zāo le! Wǒ de diànshì jiémù ……

〈あわててテレビをつける〉

私：早くご飯にしようよ、ボクお腹が空いた。
パパ：えっ？　今何時だ？
私：もう８時だよ。
パパ：本当か？しまった！俺のテレビ番組…

生词 shēngcí （新出単語） CD46

① 点	diǎn	量	（時間の単位）時
② 两	liǎng	数	2
③ 分	fēn	量	（時間の単位）分
④ 现在	xiànzài	名	今
⑤ 了	le	助	～になった、～になる
⑥ 饿	è	形	空腹である
⑦ 快	kuài	副	早く
⑧ 吃饭	chīfàn	動	ご飯を食べる
⑨ 吧	ba	助	（提案）～しよう
⑩ 欸	éi	感	えっ？
⑪ 已经	yǐjīng	副	すでに
⑫ 真的	zhēn de		本当である
⑬ 糟了	zāo le		しまった
⑭ 电视	diànshì	名	テレビ
⑮ 节目	jiémù	名	番組

练习 A
liànxí

1 音声のあとについて発音しながら、読まれた順に（　）に番号を書きなさい。

CD 47

① （　　）2時半　（　　）6時8分　（　　）6時15分

② （　　）眠くなった　（　　）お腹が空いた　（　　）喉が渇いた

③ （　　）帰宅する　（　　）ご飯を食べる　（　　）寝る

④ （　　）7時になった　（　　）私は19歳になった　（　　）私は疲れた

2 音声を聞いて、絵の説明として適当なものをA～Cの中から1つ選び、その記号を（　）に書きなさい。

CD 48

① （　　）　② （　　）　③ （　　）　④ （　　）

⑤ （　　）　⑥ （　　）　⑦ （　　）　⑧ （　　）

3 会話文を聞いて、問いに中国語で答え、漢字とピンインを書きなさい。

CD 49

① 漢字＿＿＿＿＿＿＿＿　ピンイン＿＿＿＿＿＿＿＿

② 漢字＿＿＿＿＿＿＿＿　ピンイン＿＿＿＿＿＿＿＿

4 次の日本語を中国語に訳し、漢字とピンインを書きなさい。

① 私は疲れました。

漢字＿＿＿＿＿＿＿＿　ピンイン＿＿＿＿＿＿＿＿

② もう9時になりました。

漢字＿＿＿＿＿＿＿＿　ピンイン＿＿＿＿＿＿＿＿

第 4 课
Dì sì kè

看图说话 kàntú shuōhuà （絵を見て、言ってみよう）

1 「1つ（の～）」「2つ（の～）」を声に出して読んでみましょう。 CD 50

⚀	一个(人) yí ge (rén)	一个(面包) yí ge (miànbāo)	一本(书) yì běn (shū)	一件(衣服) yí jiàn (yīfu)
⚁	两个(人) liǎng ge (rén)	两个(面包) liǎng ge (miànbāo)	两本(书) liǎng běn (shū)	两件(衣服) liǎng jiàn (yīfu)
⚂	三个(人) sān ge (rén)	三个(面包) sān ge (miànbāo)	三本(书) sān běn (shū)	三件(衣服) sān jiàn (yīfu)

2 金額のいい方を練習しましょう。 CD 51

一百 块 yìbǎi kuài

一千 日元 yìqiān rìyuán

一万 日元 yíwàn rìyuán

多少 钱？ Duōshao qián?

语法说明 yǔfǎ shuōmíng （文法説明）

1 数詞＋量詞＋名詞 ——「いくつの～」 CD 54

二…順序
两…数量

人や広く個体を数える	个 ge	两 个 人 liǎng ge rén 两 个 苹果 liǎng ge píngguǒ	(2人の人) (2つのりんご)
書籍を数える	本 běn	两 本 书 liǎng běn shū	(2冊の本)
上衣を数える	件 jiàn	两 件 毛衣 liǎng jiàn máoyī	(2枚のセーター)
紙類を数える	张 zhāng	两 张 票 liǎng zhāng piào	(2枚のチケット)

2 名詞述語文（4）—— 値段のいい方

一 张 票 多少 钱？ Yì zhāng piào duōshao qián?

—— 一 张 票 一百 块。 Yì zhāng piào yìbǎi kuài.

中国のお金…［人民币 rénmínbì：人民元］

書き言葉	元 yuán	角 jiǎo	分 fēn
話し言葉	块 kuài	毛 máo	分 fēn

3 動詞述語文「～する」の肯定型と否定型を練習しましょう。 CD52

他 买 东西。 ⇔ 他 不 买 东西。
Tā mǎi dōngxi. Tā bù mǎi dōngxi.

听 音乐 不 听 音乐
tīng yīnyuè bù tīng yīnyuè

看 电影 不 看 电影
kàn diànyǐng bú kàn diànyǐng

逛 商店 不 逛 商店
guàng shāngdiàn bú guàng shāngdiàn

4 二人で「～しますか？」の疑問文を使って会話練習しましょう。 CD53

你 看 电视 吗? ⇒ 看。／不 看。
Nǐ kàn diànshì ma? Kàn. Bú kàn.

电影
diànyǐng

比赛
bǐsài

熊猫
xióngmāo

3 動詞述語文 主語＋動詞＋（目的語）

【肯定】我 买 月票。 Wǒ mǎi yuèpiào.

【否定】我 不 买 月票。 Wǒ bù mǎi yuèpiào.

【疑問】你 买 月票 吗? ——— 买。／不 买。
Nǐ mǎi yuèpiào ma? Mǎi. Bù mǎi.

会话
huìhuà

（会話）

まず音声を聞いて空欄を埋め、さらに会話を練習しましょう。 CD 55

§「私」は友達と二人で北京動物園へ。入り口で、パンダ館がセットになっている入場券を買おうと思います。

我：一 张 票（　　　　　　　　）？
wǒ: Yì zhāng piào ?

售票员：（　　　　　　　　）吗？
shòupiàoyuán: ma?

我：对。买 两 张。
wǒ: Duì. Mǎi liǎng zhāng.

售票员：一共（　　　　　　　　）。
shòupiàoyuán: Yígòng .

私：チケットは一枚いくらですか？
販売員：パンダはご覧になりますか？
私：はい。２枚下さい。
販売員：全部で40元です。

生词 shēngcí （新出単語）

CD 56

① 块	kuài	量	元
② 日元	rìyuán	量	日本円
③ 多少钱	duōshao qián		いくらですか
④ 买	mǎi	動	買う
⑤ 听	tīng	動	聞く、聴く
⑥ 看	kàn	動	見る、読む
⑦ 熊猫	xióngmāo	名	パンダ
⑧ 票	piào	名	チケット
⑨ 不	bù	副	～ない
⑩ 吗	ma	助	～か
⑪ 售票员	shòupiàoyuán	名	チケット販売員
⑫ 对	duì	形	正しい
⑬ 一共	yígòng	副	全部で

1 音声のあとについて発音しながら、読まれた順に（ ）に番号を書きなさい。 CD57

①（　　）2個のパン　（　　）6冊の本　（　　）6個のりんご

②（　　）1万円　（　　）1万元　（　　）千円

③（　　）音楽を聴く　（　　）店をぶらつかない　（　　）映画を観る

④（　　）テレビを観ない　（　　）買い物をする　（　　）試合を見ない

2 音声を聞いて、絵の説明として適当なものをA～Cの中から1つ選び、その記号を（　）に書きなさい。 CD58

① （　　）　② （　　）　③ （　　）　④ （　　）

⑤ （　　）　⑥ （　　）　⑦ Book （　　）　⑧ （　　）

3 会話文を聞いて、問いに中国語で答え、漢字とピンインを書きなさい。 CD59

① 漢字＿＿＿＿＿＿＿＿　ピンイン＿＿＿＿＿＿＿＿

② 漢字＿＿＿＿＿＿＿＿　ピンイン＿＿＿＿＿＿＿＿

4 次の日本語を中国語に訳し、漢字とピンインを書きなさい。

① あなたはテレビを観ますか？

漢字＿＿＿＿＿＿＿＿　ピンイン＿＿＿＿＿＿＿＿

② 全部で300元です。

漢字＿＿＿＿＿＿＿＿　ピンイン＿＿＿＿＿＿＿＿

看图说话 kàntú shuōhuà

1 それぞれの人の職業を言ってみましょう。 CD 60

医生
yīshēng

警察
jǐngchá

空姐
kōngjiě

公司 职员
gōngsī zhíyuán

他／她 是______________。
Tā / Tā shì .

2 品物を指差しながら、買い物してみましょう。 CD 61

三明治
sānmíngzhì

汉堡包
hànbǎobāo

方便面
fāngbiànmiàn

A：你 买 哪个？
Nǐ mǎi něige?

B：我 买 这个，买 三明治。
Wǒ mǎi zhèige, mǎi sānmíngzhì.

语法说明 yǔfǎ shuōmíng

1 指示代名詞（1） CD 63

これ＊	这 zhè	あれ	那 nà	どれ	哪 nǎ
	这个 zhèige		那个 nèige		哪个 něige
こちら	这边儿 zhèibianr	あちら	那边儿 nèibianr	どちら	哪边儿 něibianr

＊ “这是～。”以外の場合は、一般に“这个”を使う。

这 是 我 的 电脑。
Zhè shì wǒ de diànnǎo.

这个 多少 钱？
Zhèige duōshao qián?

我 要 这个。
Wǒ yào zhèige.

2 動詞＋“一下”——「ちょっと～する」

你 看 一下。 Nǐ kàn yíxià.

3 レストランで注文する時の会話を練習しましょう。 CD62

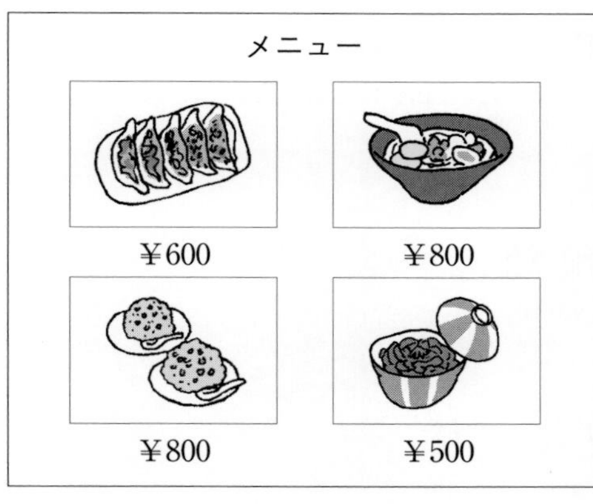

A：你 吃 什么？
Nǐ chī shénme?

B：我 吃 饺子。
Wǒ chī jiǎozi.

炒饭 chǎofàn　面条 miàntiáo　牛肉饭 niúròufàn

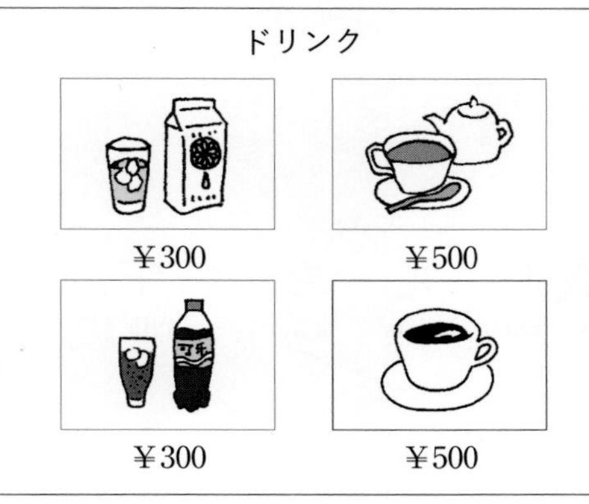

A：你们 喝 什么 饮料？
Nǐmen hē shénme yǐnliào?

B：我 喝 果汁。
Wǒ hē guǒzhī.

红茶 hóngchá　可乐 kělè　咖啡 kāfēi

3 A"是"B ——「A は B です」

【肯定】这 是 菜单。 Zhè shì càidān.

【否定】这 不 是 菜单。 Zhè bú shì càidān.

【疑問】这 是 菜单 吗？ —— 是。／不 是。
Zhè shì càidān ma? — Shì. Bú shì.

＊名詞述語文の否定も "不是" である。
今天 不 是 星期天。 Jīntiān bú shì xīngqītiān.

4 疑問詞 "什么" ——「①なに／②どんな～」

❶我 吃 咖喱饭。 Wǒ chī gālífàn.
你 吃 什么？ Nǐ chī shénme?

❷我 吃 牛肉 咖喱饭。 Wǒ chī niúròu gālífàn.
你 吃 什么 咖喱饭？ Nǐ chī shénme gālífàn?

会话
huìhuà

まず音声を聞いて空欄を埋め、さらに会話を練習しましょう。 CD64

§ 商社マンの中村さんが同僚を連れ、中華料理店にやってきました。「私」は店員さん。

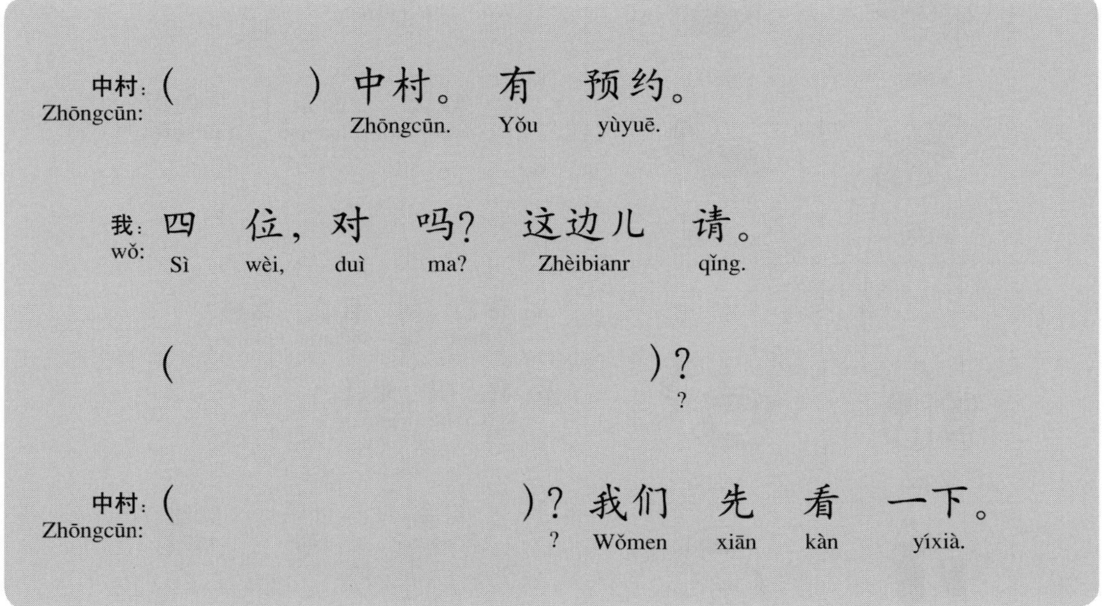

中村：(　　　　) 中村。有 预约。
Zhōngcūn: Zhōngcūn. Yǒu yùyuē.
我：四 位，对 吗？ 这边儿 请。
wǒ: Sì wèi, duì ma? Zhèibianr qǐng.
(　　　　)？
?
中村：(　　　　)？我们 先 看 一下。
Zhōngcūn: ? Wǒmen xiān kàn yíxià.

中村：中村ですが、予約してあります。
私：４名様ですね？　こちらへどうぞ。
お飲み物は何になさいますか？
中村：これはメニューですか？まずちょっと見てからにします。

生词 shēngcí

CD65

① 吃	chī	動	食べる
② 喝	hē	動	飲む
③ 饮料	yǐnliào	名	飲み物
④ 要	yào	動	欲しい
⑤ 一下	yíxià	名	ちょっと
⑥ 菜单	càidān	名	メニュー
⑦ 咖喱饭	gālífàn	名	カレーライス
⑧ 牛肉	niúròu	名	牛肉
⑨ 有	yǒu	動	ある
⑩ 预约	yùyuē	名	予約
⑪ 位	wèi	量	(敬意をこめて人を数える)～名
⑫ 这边儿请	zhèibianr qǐng		こちらへどうぞ
⑬ 先	xiān	副	まず

1 音声のあとについて発音しながら、読まれた順に（　）に番号を書きなさい。 CD66

①（　　）サンドイッチ（　　）カップ麵（　　）ハンバーガー

②（　　）警官（　　）女性のキャビンアテンダント（　　）医者

③（　　）ジュース（　　）コーラ（　　）紅茶

④（　　）私は餃子を食べる（　　）彼はチャーハンを食べる（　　）彼女は麵を食べる

2 音声を聞いて、絵の説明として適当なものをA～Cの中から1つ選び、その記号を（　）に書きなさい。 CD67

①（　　）　②（　　）　③（　　）　④（　　）

⑤（　　）　⑥（　　）　⑦（　　）　⑧（　　）

3 会話文を聞いて、問いに中国語で答え、漢字とピンインを書きなさい。 CD68

① 漢字＿＿＿＿＿＿＿＿　ピンイン＿＿＿＿＿＿＿＿

② 漢字＿＿＿＿＿＿＿＿　ピンイン＿＿＿＿＿＿＿＿

4 次の日本語を中国語に訳し、漢字とピンインを書きなさい。

① これは彼のサンドイッチです。

漢字＿＿＿＿＿＿＿＿　ピンイン＿＿＿＿＿＿＿＿

② あなたはどれを買いますか？

漢字＿＿＿＿＿＿＿＿　ピンイン＿＿＿＿＿＿＿＿

第 6 课 Dì liù kè　复习 fùxí

1　音声のあとについて発音しながら、読まれた順に（　）に番号を書きなさい。 CD69

1）（　　）兄　（　　）姉　（　　）弟

2）（　　）ジュース　（　　）紅茶　（　　）コーラ

3）（　　）月曜日　（　　）火曜日　（　　）木曜日

4）（　　）46 歳　（　　）16 歳　（　　）72 歳

5）（　　）クリスマス　（　　）春節　（　　）元旦

6）（　　）明日　（　　）今日　（　　）昨日

7）（　　）誕生日　（　　）バレンタインデー　（　　）日曜日

8）（　　）彼ら　（　　）あなたたち　（　　）私たち

9）（　　）携帯電話　（　　）定期券　（　　）財布

10）（　　）友達　（　　）会社　（　　）仕事

11）（　　）2 時 45 分　（　　）6 時 15 分　（　　）2 時 15 分

12）（　　）12 月 17 日　（　　）2 月 27 日　（　　）6 月 17 日

13）（　　）起きる　（　　）寝る　（　　）食事をする

14）（　　）帰宅する　（　　）出勤する　（　　）授業を受ける

15）（　　）3 冊の本　（　　）2 人の人　（　　）4 枚の服

2　次の日本語を中国語で言い表すとき、最も適当なものを①～③の中から選びなさい。 CD70

1）彼のパソコン

①　②　③

2）私はお腹が空きました。

①　②　③

3）　私は食事をしません。

①　②　③

4）　今、6 時半です。

①　②　③

5）　今日は火曜日ではありません。

①　②　③

6）　私は本を 4 冊買います。

①　②　③

7）　彼は会社員です。

①　②　③

8）　私はコーラを買います。

①　②　③

9）　全部で 20 元です。

①　②　③

10）　彼は映画を観ます。

①　②　③

11）　チケットは 1 枚 100 元です。

①　②　③

12）　あなたは何を飲みますか？

①　②　③

13）　私は麺を食べます。

①　②　③

14）　彼女は店をぶらぶらします。

①　②　③

15）　ハンバーガーは 1 ついくらですか？

①　②　③

3 次の問いに対する答えとして最も適当なものを①～③の中から選びなさい。 CD71

1）① ② ③
2）① ② ③
3）① ② ③
4）① ② ③
5）① ② ③
6）① ② ③
7）① ② ③
8）① ② ③
9）① ② ③
10）① ② ③

4 次の絵の説明として最も適当な中国語を①～③の中から選びなさい。 CD72

1）

① ② ③

2）

① ② ③

3）

① ② ③

4）

① ② ③

5）

① ② ③

6）

① ② ③

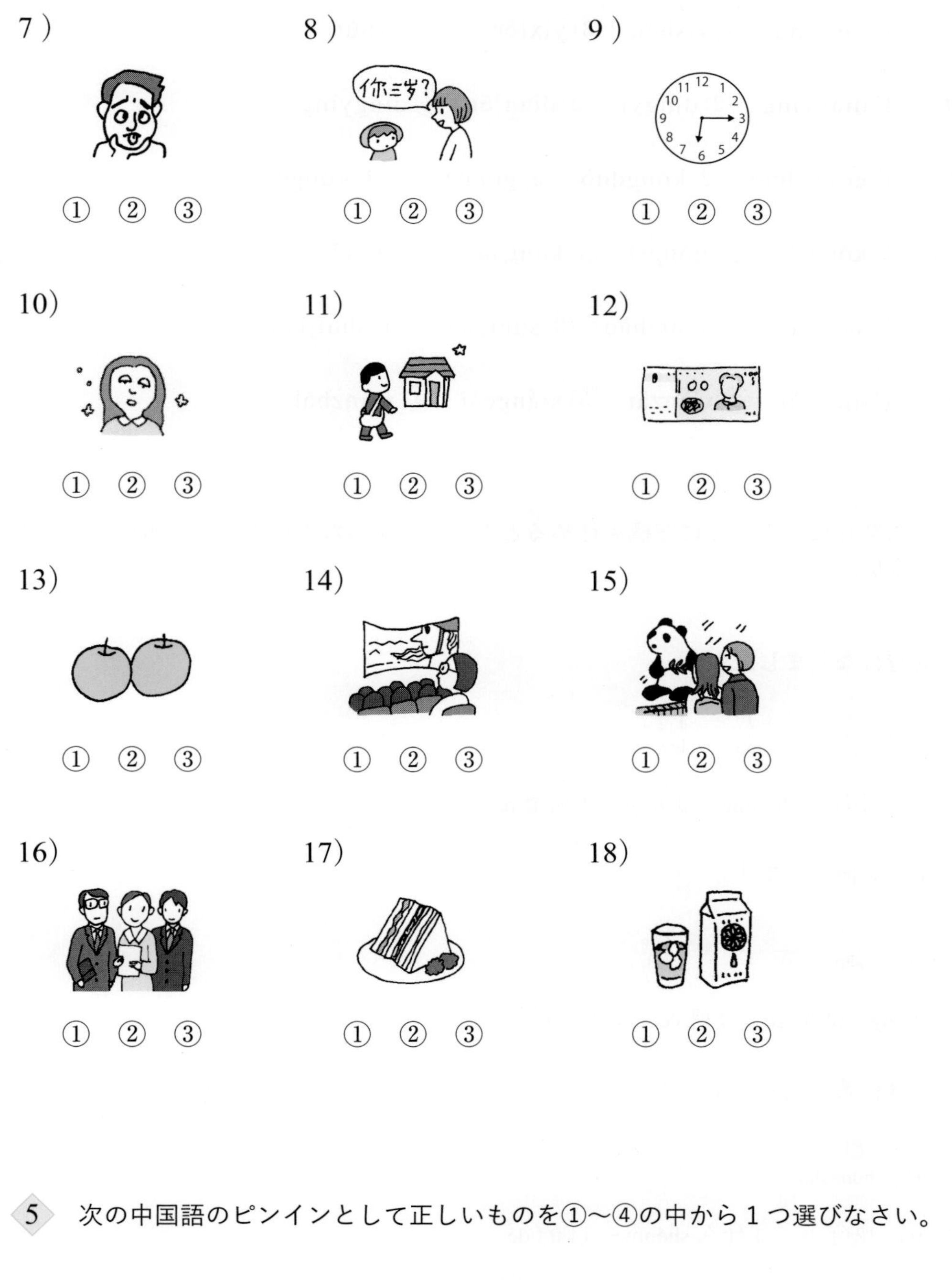

5 次の中国語のピンインとして正しいものを①～④の中から１つ選びなさい。

1） **面条**　① miāntáo　② miàntiáo　③ miāndiáo　④ miàntáo

2） **手机**　① shǒujì　② sǒujī　③ shǒuqī　④ shǒujī

3） **回家**　① huíjiā　② huójiā　③ huìjiā　④ huòjiā

4） **熊猫**　① shéngmāo　② xióngmāo　③ shénmāo　④ xúnmāo

5） 医生 ① yīshēng ② yīshèn ③ yīxiōng ④ yīshùn

6） 电影 ① diànyǐng ② dìngyí ③ dián'ěi ④ dǐngyìng

7） 工作 ① gōngchuò ② kōngduò ③ gōngzuò ④ kōngcuò

8） 公司 ① kōngshī ② gōngsī ③ kōngsū ④ gōngcī

9） 睡觉 ① suìchào ② shuìzhào ③ shuìchào ④ shuìjiào

10） 现在 ① qiànzài ② xiànzài ③ xiángcài ④ xiánzhài

6 日本語の意味になるように空欄を埋めるとき、最も適当なものを①～④の中から１つ選びなさい。

1） 今、何時になりましたか？

现在 ＿＿＿＿＿ 点 了？
Xiànzài ＿＿＿＿＿ diǎn le?

①何 hé ②什么 shénme ③几 jǐ ④哪个 něige

2） 私は本を３冊買います。

我 买 三 ＿＿＿＿＿ 书。
Wǒ mǎi sān ＿＿＿＿＿ shū.

①张 zhāng ②个 ge ③册 cè ④本 běn

3） あなたは紅茶を飲みますか？

你 喝 红茶 ＿＿＿＿＿ ？
Nǐ hē hóngchá ＿＿＿＿＿ ?

①吗 ma ②了 le ③什么 shénme ④的 de

4） 今日は木曜日ではありません。

今天 不 ＿＿＿＿＿ 星期四。
Jīntiān bú ＿＿＿＿＿ xīngqīsì.

①的 de ②是 shì ③对 duì ④号 hào

5） あなたはどんなサンドイッチを買いますか？

你 买 ＿＿＿＿＿ 三明治?
Nǐ mǎi sānmíngzhì?

①哪个 něige ②这个 zhèige ③什么 shénme ④多 大 duō dà

7 次の日本語を中国語に訳したとき、〔 〕に入る簡体字を字体に注意して書きなさい。

1） 2 冊の本 〔 〕本〔 〕

2） 買い物をする 〔 〕〔 〕西

3） 紅茶を飲む 〔 〕〔 〕茶

4） ご飯を食べる 〔 〕〔 〕

5） テレビを観る 看〔 〕〔 〕

6） 音楽を聴く 〔 〕音〔 〕

7） 私は授業を受けます。 我 上〔 〕。

8） 彼女は 18 歳です。 〔 〕十八〔 〕。

9） あなたたちは日本人ですか？ 〔 〕〔 〕是 日本人〔 〕？

10） これは私の財布です。 〔 〕 是 我 的 〔 〕〔 〕。

8 日本語の意味になるように①～④を並べ替え、空欄に漢字を書きなさい。

1） 彼は私の兄ではありません。

他 ＿＿＿＿ ＿＿＿＿ ＿＿＿＿ ＿＿＿＿。

Tā

①哥哥 gēge　②是 shì　③我 wǒ　④不 bú

2） あなたはどんな飲み物を飲みますか？

＿＿＿＿ ＿＿＿＿ ＿＿＿＿ ＿＿＿＿？

①什么 shénme　②喝 hē　③你 nǐ　④饮料 yǐnliào

3） あなたはパンダを見ますか？

＿＿＿＿ ＿＿＿＿ ＿＿＿＿ ＿＿＿＿？

①熊猫 xióngmāo　②看 kàn　③吗 ma　④你 nǐ

4） 私はチケットを２枚買います。

我 ＿＿＿＿ ＿＿＿＿ ＿＿＿＿ ＿＿＿＿。

Wǒ

①张 zhāng　②买 mǎi　③票 piào　④两 liǎng

5） あなたの誕生日は何月何日ですか？

你 ＿＿＿＿ ＿＿＿＿ ＿＿＿＿ ＿＿＿＿？

Nǐ

①几　号 jǐ hào　②几　月 jǐ yuè　③生日 shēngrì　④的 de

6） 私たち早くご飯にしましょう。

＿＿＿＿ ＿＿＿＿ ＿＿＿＿ ＿＿＿＿。

①吧 ba　②咱们 zánmen　③吃饭 chīfàn　④快 kuài

7） これは誰の定期券ですか？

这 ＿＿＿＿＿＿ ＿＿＿＿＿＿ ＿＿＿＿＿＿ ＿＿＿＿＿＿？

Zhè

①谁 shéi　②月票 yuèpiào　③是 shì　④的 de

8） 私はパンを２つ買います。

＿＿＿＿＿＿ ＿＿＿＿＿＿ ＿＿＿＿＿＿ ＿＿＿＿＿＿。

①两　个 liǎng ge　②买 mǎi　③面包 miànbāo　④我 wǒ

9） 誕生日おめでとう。

＿＿＿＿＿＿ ＿＿＿＿＿＿ ＿＿＿＿＿＿ ＿＿＿＿＿＿！

①快乐 kuàilè　②你 nǐ　③祝 zhù　④生日 shēngrì

10） 今、6時45分です。

＿＿＿＿＿＿ ＿＿＿＿＿＿ ＿＿＿＿＿＿ ＿＿＿＿＿＿。

①六 liù　②三　刻 sān kè　③点 diǎn　④现在 xiànzài

第 7 课
Dì qī kè

看图说话 kàntú shuōhuà

◇1 「どこに来る」、「どこに行く」のフレーズを覚えましょう。 CD73

来 日本
lái Rìběn

来 中国
lái Zhōngguó

去 美国
qù Měiguó

去 英国
qù Yīngguó

◇2 「～ですか、それとも～ですか」の文型を練習しましょう。 CD74

A：你 回家 还是 打工？
Nǐ huíjiā háishi dǎgōng?

B：我 打工。
Wǒ dǎgōng.

A：你 上班 还是 休息？
Nǐ shàngbān háishi xiūxi?

B：我 休息。
Wǒ xiūxi.

Tue 火 | Wed 水

A：今天 星期二 还是 星期三？
Jīntiān xīngqī'èr háishi xīngqīsān?

B：星期三。
Xīngqīsān.

语法说明 yǔfǎ shuōmíng

1 選択疑問文 ～"还是"…？ ———「～ですか、それとも…ですか？」 CD77

他 去 美国 还是 去 英国？ Tā qù Měiguó háishi qù Yīngguó?

×他 去 美国 还是 英国？

她 是 中国人 还是 日本人？ Tā shì Zhōngguórén háishi Rìběnrén?

×她 是 中国人 还是 是 日本人？

2 前置詞"在" "在"＋場所＋動詞 ———「～（場所）で…する」

＊前置詞フレーズ［"在"＋場所］は動詞の前に、否定の"不"は前置詞の前に置く。

我 在 外面 吃饭。
Wǒ zài wàimian chīfàn.

我 不 在 家 吃饭。
Wǒ bú zài jiā chīfàn.

3 「～をしに来る」「～をしに行く」の文型を練習しましょう。 CD75

他们　来　日本　看　樱花。
Tāmen lái Rìběn kàn yīnghuā.

他们　来　中国　看　熊猫。
Tāmen lái Zhōngguó kàn xióngmāo.

他们　去　迪士尼乐园　玩儿。
Tāmen qù Díshìní Lèyuán wánr.

他们　去　那边儿　排队。
Tāmen qù nèibianr páiduì.

他们　来／去＿＿＿＿＿干　什么？
Tāmen lái qù gàn shénme?

4 「～で…をする」の文型を練習しましょう。 CD76

爸爸　在　食堂　吃饭。
Bàba zài shítáng chīfàn.

妈妈　在　家　做　家务。
Māma zài jiā zuò jiāwù.

我　在　学校　上课。
Wǒ zài xuéxiào shàngkè.

3 連動文（動詞が複数ある文）　動詞 1 ＋（目的語 1）＋動詞 2 ＋（目的語 2）

＊動詞は動作の行われる順に並べる。

孩子　去　公园　玩儿。　Háizi qù gōngyuán wánr.

他们　来　公司　上班。　Tāmen lái gōngsī shàngbān.

＊“来”“去”の後ろの目的語は省略できる。

他们　去　（中国）　看　熊猫。
Tāmen qù (Zhōngguó) kàn xióngmāo.

会话
huìhuà

まず音声を聞いて空欄を埋め、さらに会話を練習しましょう。 CD78

§ お昼どきの社員食堂。中国から出張に来た王さんを田中さんが案内します。「私」は王さん役。

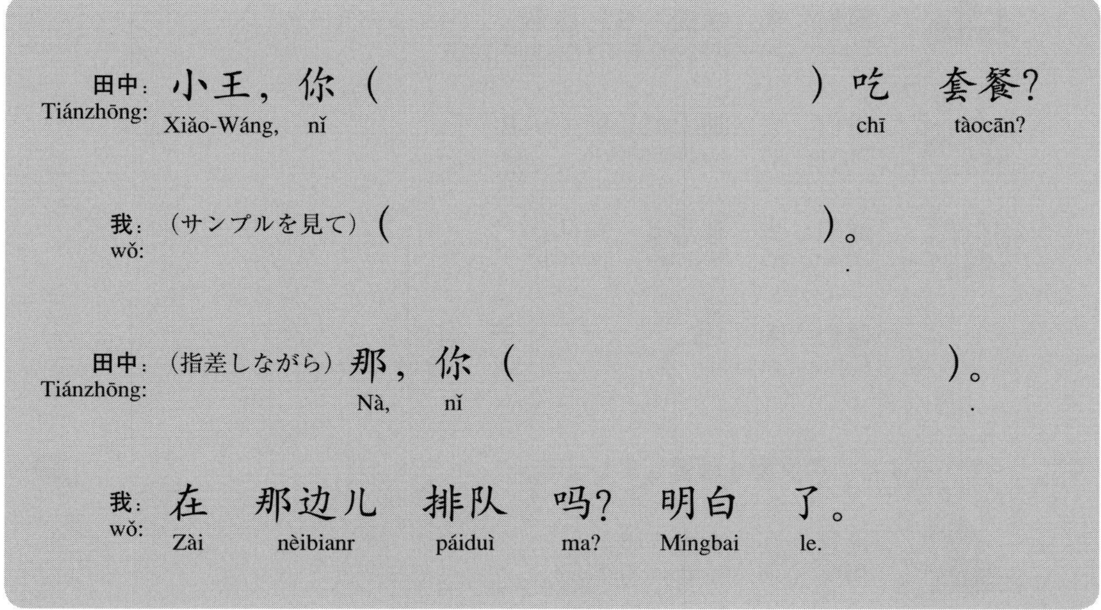

田中：小王，你（　　　　　　　　　　　　）吃　套餐？
Tiánzhōng: Xiǎo-Wáng,　nǐ　　　　　　　　　　　　chī　tàocān?

我：（サンプルを見て）（　　　　　　　　　　　　）。
wǒ:

田中：（指差しながら）那，你（　　　　　　　　　　　　）。
Tiánzhōng:　　　　　　Nà,　nǐ

我：在　那边儿　排队　吗？　明白　了。
wǒ: Zài　nèibianr　páiduì　ma?　Míngbai　le.

田中：王さん、麺を食べる？それとも定食にする？
私：麺を食べます。
田中：じゃあ、あちらに行って並んでね。
私：あちらで並ぶんですか？分かりました。

生词 shēngcí

CD79

① 去	qù	動	行く
② 来	lái	動	来る
③ 还是	háishi	接	それとも
④ 打工	dǎgōng	動	アルバイトをする
⑤ 休息	xiūxi	動	休む
⑥ 玩儿	wánr	動	遊ぶ
⑦ 排队	páiduì	動	並ぶ
⑧ 干	gàn	動	やる
⑨ 在	zài	前	（行為の行われる場所を示す）～で
⑩ 家	jiā	名	家
⑪ 做家务	zuò jiāwù		家事をする
⑫ 外面	wàimian	名	外
⑬ 孩子	háizi	名	子ども
⑭ 公园	gōngyuán	名	公園
⑮ 套餐	tàocān	名	定食
⑯ 那	nà	接	それでは
⑰ 那边儿	nèibianr	代	あちら
⑱ 明白	míngbai	動	分かる

1 音声のあとについて発音しながら、読まれた順に（　）に番号を書きなさい。 CD80

①（　　）アメリカ　（　　）イギリス　（　　）中国

②（　　）帰宅する　（　　）アルバイトをする　（　　）出勤する

③（　　）学校　（　　）食堂　（　　）会社

④（　　）食事をする　（　　）家事をする　（　　）授業に出る

2 音声を聞いて、絵の説明として適当なものをA～Cの中から1つ選び、その記号を（　）に書きなさい。 CD81

①（　　）　②（　　）　③（　　）　④（　　）

⑤（　　）　⑥（　　）　⑦（　　）　⑧（　　）

3 会話文を聞いて、問いに中国語で答え、漢字とピンインを書きなさい。 CD82

① 漢字＿＿＿＿＿＿＿＿　ピンイン＿＿＿＿＿＿＿＿

② 漢字＿＿＿＿＿＿＿＿　ピンイン＿＿＿＿＿＿＿＿

4 次の日本語を中国語に訳し、漢字とピンインを書きなさい。

① 彼は食堂でご飯を食べます。

漢字＿＿＿＿＿＿＿＿　ピンイン＿＿＿＿＿＿＿＿

② 私たちは学校へ授業を受けに行きます。

漢字＿＿＿＿＿＿＿＿　ピンイン＿＿＿＿＿＿＿＿

第 8 课
Dì bā kè

看图说话 kàntú shuōhuà

1 「～が好きだ」の文型を練習しましょう。 CD83

我 喜欢 听 音乐。
Wǒ xǐhuan tīng yīnyuè.

我 喜欢 打 棒球。
Wǒ xǐhuan dǎ bàngqiú.

我 喜欢 看 漫画。
Wǒ xǐhuan kàn mànhuà.

你 喜欢 干 什么？
Nǐ xǐhuan gàn shénme?

2 「～が嫌いだ」の文型を練習しましょう。 CD84

我 不 喜欢 做 作业。
Wǒ bù xǐhuan zuò zuòyè.

我 不 喜欢 做 家务。
Wǒ bù xǐhuan zuò jiāwù.

我 不 喜欢 吃 蔬菜。
Wǒ bù xǐhuan chī shūcài.

语法说明 yǔfǎ shuōmíng

1 "喜欢"～ ——「～が好きである」 CD87

"喜欢"＋名詞 　我 喜欢 熊猫。 Wǒ xǐhuan xióngmāo.

＋動詞フレーズ 　我 喜欢 弹 钢琴。 Wǒ xǐhuan tán gāngqín.

2 "这"／"那"／"哪"＋量詞＋（名詞）——「この／あの／どの～」

这 本 （书） 那 件 （毛衣） 哪个 （人）
zhèi běn (shū) nèi jiàn (máoyī) něige rén

＊量詞の後ろの名詞は省略できる。省略した場合、「これ／あれ／どれ」と訳す。

我 买 这 件 衣服。 你 呢？—— 我 买 那 件。
Wǒ mǎi zhèi jiàn yīfu. Nǐ ne? Wǒ mǎi nèi jiàn.

あなたは？

3 「この～」「あの～」「どの～」のフレーズを覚えましょう。 CD85

这个 人 那个 人 哪个 人
zhèige rén nèige rén něige rén

这 本 书 那 本 书 哪 本 书
zhèi běn shū nèi běn shū něi běn shū

这 件 衣服 那 件 衣服 哪 件 衣服
zhèi jiàn yīfu nèi jiàn yīfu něi jiàn yīfu

4 果物の名前と色を覚えましょう。 CD86

草莓
cǎoméi

苹果
píngguǒ

红色
hóngsè

香蕉
xiāngjiāo

黄色
huángsè

西瓜
xīguā

黑色 绿色
hēisè lǜsè

蓝莓
lánméi

蓝色
lánsè

桃子
táozi

粉红色
fěnhóngsè

梨
lí

白色
báisè

A：你 喜欢 什么 颜色？
Nǐ xǐhuan shénme yánsè?

B：我 喜欢 ＿＿＿＿＿＿＿＿＿＿ 。
Wǒ xǐhuan ＿＿＿＿＿＿＿＿＿＿ .

3 動詞の重ね型 ―― 「ちょっと～する、～してみる」

我 想(一) 想。 你们 商量商量。 ×商量一商量
Wǒ xiǎng(yi) xiang. Nǐmen shāngliangshangliang.

4 文末の語気助詞 ～“吧” ―― ②軽い命令「～しなさい」

你 吃 吧。 你 试试 吧。
Nǐ chī ba. Nǐ shìshi ba.

会话
huìhuà

まず音声を聞いて空欄を埋め、さらに会話を練習しましょう。 CD88

§「私」は中国人観光客。ショッピングを楽しんでいるところです。

店员：你（　　　　　　　　　　）？
diànyuán: Nǐ ?

我：我 喜欢 这 件 绿色 的。
wǒ: Wǒ xǐhuan zhèi jiàn lǜsè de.

店员：那，你 穿上（　　　　　　）。
diànyuán: Nà, nǐ chuānshang .

我：（鏡を見ながら）嗯，不错。很 适合 我。
wǒ: Ǹg, búcuò. Hěn shìhé wǒ.

店員：どの服がお好みですか？
私：この緑色のがいいわ。
店員：では、ちょっと試着してみて下さい。
私：うん、いいわね。似合ってる。

生词 shēngcí

CD89

① 喜欢	xǐhuan	動	好きである
② 作业	zuòyè	名	宿題
③ 蔬菜	shūcài	名	野菜
④ 颜色	yánsè	名	色
⑤ 弹钢琴	tán gāngqín		ピアノを弾く
⑥ 想	xiǎng	動	考える
⑦ 商量	shāngliang	動	相談する
⑧ 试	shì	動	試す
⑨ 吧	ba	助	(軽い命令)～しなさい
⑩ 店员	diànyuán	名	店員
⑪ 穿上	chuānshang		着る
⑫ 不错	búcuò	形	よい＝"好"
⑬ 很	hěn	副	とても
⑭ 适合	shìhé	動	似合う

练习 A
liànxí

1　音声のあとについて発音しながら、読まれた順に（　）に番号を書きなさい。　CD90

① （　　）音楽を聴く　（　　）ピアノを弾く　（　　）野菜を食べる

② （　　）漫画を読むのが好き　（　　）家事が嫌い　（　　）野球をするのが好き

③ （　　）バナナ　（　　）りんご　（　　）イチゴ

④ （　　）この本　（　　）あの人　（　　）どの服

2　音声を聞いて、絵の説明として適当なものをA～Cの中から1つ選び、その記号を（　）に書きなさい。　CD91

①  （　　）　②  （　　）　③  （　　）　④  （　　）

⑤  （　　）　⑥  （　　）　⑦  （　　）　⑧ （　　）

3　会話文を聞いて、問いに中国語で答え、漢字とピンインを書きなさい。　CD92

① 漢字＿＿＿＿＿＿＿＿　ピンイン＿＿＿＿＿＿＿＿

② 漢字＿＿＿＿＿＿＿＿　ピンイン＿＿＿＿＿＿＿＿

4　次の日本語を中国語に訳し、漢字とピンインを書きなさい。

① 私は宿題をするのが嫌いです。

漢字＿＿＿＿＿＿＿＿　ピンイン＿＿＿＿＿＿＿＿

② ちょっと試着してみて下さい。

漢字＿＿＿＿＿＿＿＿　ピンイン＿＿＿＿＿＿＿＿

第 9 课
Dì jiǔ kè

看图说话 kàntú shuōhuà

1 形容詞述語文を練習しましょう。 CD93

工作　很　忙。 ⇔ 工作　不　忙。
Gōngzuò hěn máng. Gōngzuò bù máng.

天气　很　好。 ⇔ 天气　不　好。
Tiānqì hěn hǎo. Tiānqì bù hǎo.

考试　很　难。 ⇔ 考试　不　难。
Kǎoshì hěn nán. Kǎoshì bù nán.

________怎么样?
zěnmeyàng?

2 絵を見ながら質問に答えましょう。 CD94

天气　好　吗?　　很　好。　不　好。
Tiānqì hǎo ma?　　Hěn hǎo.　Bù hǎo.

工作　忙　吗?　　很　忙。　不　忙。
Gōngzuò máng ma?　　Hěn máng.　Bù máng.

考试　难　吗?　　很　难。　不　难。
Kǎoshì nán ma?　　Hěn nán.　Bù nán.

语法说明 yǔfǎ shuōmíng

1 形容詞述語文 CD97

【肯定】这个　猫　很　胖。　Zhèige māo hěn pàng.

【否定】这个　猫　不　胖。　Zhèige māo bú pàng.

【疑問】这个　猫　胖　吗?　——　很　胖。／不　胖。
Zhèige māo pàng ma?　Hěn pàng.　Bú pàng.

＊“是”は用いない。
＊肯定の場合、形容詞の前にはふつう“很”を付ける。

「とても」の意味は消えるよ。

3 絵の中の人間や動物を見て「なんて～なんだろう」と言ってみましょう。 CD95

好 帅 啊！
Hǎo shuài a!

好 舒服 啊！
Hǎo shūfu a!

好 可爱 啊！
Hǎo kě'ài a!

4 「～のために…をする」の文型を練習しましょう。 CD96

给 她 做 饭
gěi tā zuò fàn

给 她 洗 衣服
gěi tā xǐ yīfu

给 她 打扫 房间
gěi tā dǎsǎo fángjiān

なんていい彼氏
なんだろう♡

---

2 感嘆文 **"好"＋形容詞＋"啊"！** ――「なんて～なんだろう！」

米老鼠 好 可爱 啊！
Mǐlǎoshǔ hǎo kě'ài a!

＊形容詞の前に副詞"好"がある場合、肯定でも"很"は付けない。

3 前置詞"给" **"给"＋ヒト＋動詞** ――「①～に…する／②～のために…する」

＊前置詞フレーズ［"给"＋ヒト］は動詞の前に置く。

❶他 给 我 打 电话。
Tā gěi wǒ dǎ diànhuà.

❷妈妈 给 我们 做 饭。
Māma gěi wǒmen zuò fàn.

会话
huìhuà

まず音声を聞いて空欄を埋め、さらに会話を練習しましょう。 CD 98

§ 太郎君の家。夜遅く、パパ役の「私」が帰って来ました。

我：最近（　　　　　　　　　　）。好 累 啊！
wǒ: Zuìjìn　　　　　　　　　　. Hǎo lèi a!

妻子：我 给 你 揉揉 肩 吧。
qīzi: Wǒ gěi nǐ róurou jiān ba.

太郎：我 揉。我 有劲儿。
Tàiláng: Wǒ róu. Wǒ yǒujìnr.

我：嗯，（　　　　　　　　）！
wǒ: Ǹg,　　　　　　　　!

私：最近仕事が忙しくて。すごく疲れた！
妻：ちょっと肩を揉んであげるわ。
太郎：僕が揉んであげる。僕は力が強いからね。
私：う～ん、すごく気持ちいい！

生词 shēngcí

CD 99

① 忙	máng	形	忙しい
② 天气	tiānqì	名	天気
③ 好	hǎo	形	よい
		副	すごく
④ 考试	kǎoshì	名	試験
⑤ 难	nán	形	難しい
⑥ 帅	shuài	形	かっこいい
⑦ 舒服	shūfu	形	気持ちがよい
⑧ 可爱	kě'ài	形	かわいい
⑨ 猫	māo	名	猫
⑩ 胖	pàng	形	太っている⇔瘦 shòu
⑪ 米老鼠	Mǐlǎoshǔ	名	ミッキーマウス
⑫ 打电话	dǎ diànhuà		電話をかける
⑬ 最近	zuìjìn	名	最近
⑭ 妻子	qīzi	名	妻
⑮ 揉	róu	動	揉む
⑯ 肩	jiān	名	肩
⑰ 有劲儿	yǒujìnr	動	力が強い

1 **音声のあとについて発音しながら、読まれた順に（　）に番号を書きなさい。** CD 100

① （　　）試験が難しい　（　　）仕事が忙しい　（　　）天気が良くない

② （　　）なんてかっこいいの！（　　）なんて可愛いの！（　　）なんて気持ちいいの！

③ （　　）食事を作る（　　）洗濯する　（　　）家事をする

④ （　　）アルバイトをする　（　　）電話をかける　（　　）部屋を掃除する

2 **音声を聞いて、絵の説明として適当なものをA～Cの中から1つ選び、その記号を（　）に書きなさい。** CD 101

① （　　）　② （　　）　③ （　　）　④ （　　）

⑤ （　　）　⑥ （　　）　⑦ （　　）　⑧ （　　）

3 **会話文を聞いて、問いに中国語で答え、漢字とピンインを書きなさい。** CD 102

① 漢字＿＿＿＿＿＿＿＿ ピンイン＿＿＿＿＿＿＿＿

② 漢字＿＿＿＿＿＿＿＿ ピンイン＿＿＿＿＿＿＿＿

4 **次の日本語を中国語に訳し、漢字とピンインを書きなさい。**

① 最近仕事が忙しいですか？

漢字＿＿＿＿＿＿＿＿ ピンイン＿＿＿＿＿＿＿＿

② 彼はなんてかっこいいの！

漢字＿＿＿＿＿＿＿＿ ピンイン＿＿＿＿＿＿＿＿

第 10 课
Dì shí kè

看图说话 kàntú shuōhuà

1 主述述語文を練習しましょう。 CD103

他 个子 很 高。 ⇔ 他 个子 不 高。
Tā gèzi hěn gāo. Tā gèzi bù gāo.

她 头发 很 长。 ⇔ 她 头发 不 长。
Tā tóufa hěn cháng. Tā tóufa bù cháng.

他 眼睛 很 大。 ⇔ 他 眼睛 不 大。
Tā yǎnjing hěn dà. Tā yǎnjing bú dà.

他 身体 很 好。 ⇔ 他 身体 不 好。
Tā shēntǐ hěn hǎo. Tā shēntǐ bù hǎo.

语法说明 yǔfǎ shuōmíng

1 主述述語文 大主語＋大述語（小主語＋小述語）——「～は…が～だ」 CD106

日本 交通 很 方便。Rìběn jiāotōng hěn fāngbiàn.

大主語 大述語

交通 很 方便

小主語 小述語

2 副詞 "也" ——「～も」

我 喜欢 你，他 也 喜欢 你。
Wǒ xǐhuan nǐ, tā yě xǐhuan nǐ.

怎么 办？（どうしよう？）
Zěnme bàn?

2 「～も」のいい方を練習しましょう。 CD104

我　是　大学生。　他　也　是　大学生。
Wǒ shì dàxuéshēng. Tā yě shì dàxuéshēng.

我　喜欢　宠物。　他　也　喜欢　宠物。
Wǒ xǐhuan chǒngwù. Tā yě xǐhuan chǒngwù.

这个　很　好吃。　那个　也　很　好吃。
Zhèige hěn hǎochī. Nèige yě hěn hǎochī.

3 絵を指差しながら、「少しも～ない」の文型を練習しましょう。 

一点儿　也　不　高兴。
Yìdiǎnr yě bù gāoxìng.

一点儿　也　不　便宜。
Yìdiǎnr yě bù piányi.

一点儿　也　不　好吃。
Yìdiǎnr yě bù hǎochī.

3 "一点儿"+"也"+否定形 ——「少しも～ない」

我　一点儿　也　不　喜欢。
Wǒ yìdiǎnr yě bù xǐhuan.

天气　一点儿　也　不　好。
Tiānqì yìdiǎnr yě bù hǎo.

会话
huìhuà

まず音声を聞いて空欄を埋め、さらに会話を練習しましょう。 CD107

§ 悠人くんはママとペットショップをぶらぶら。「私」は悠人くん役です。

我：妈妈，你看，狗狗（　　　　　　）！
wǒ: Māma, nǐ kàn, gǒugou !

店员：它眼睛特别大。你抱抱吧。
diànyuán: Tā yǎnjing tèbié dà. Nǐ bàobao ba.

妈妈：（抱っこしながら）你好！它（　　　　　　）认生。
māma: Nǐ hǎo! Tā rènshēng.

我：妈妈，这个狗狗好像（　　　　　　）。
wǒ: Māma, zhèige gǒugou hǎoxiàng .

私：ママ、見て、ワンちゃんかわいい！
店員：この子、お目々が特に大きいんですよ。抱っこしてみて下さい。
ママ：こんにちは！この子、全然人見知りしないわ。
私：ママ、このワンちゃん、ママのことが好きみたいだよ。

生词 shēngcí

CD108

① 个子	gèzi	名	背丈
② 高	gāo	形	高い⇔矮 ǎi
③ 头发	tóufa	名	髪の毛
④ 身体	shēntǐ	名	からだ
⑤ 宠物	chǒngwù	名	ペット
⑥ 好吃	hǎochī	形	（食べ物が）おいしい
⑦ 一点儿	yìdiǎnr	名	少し
⑧ 高兴	gāoxìng	形	嬉しい
⑨ 便宜	piányi	形	安い⇔贵 guì
⑩ 交通	jiāotōng	名	交通
⑪ 方便	fāngbiàn	形	便利である
⑫ 狗狗	gǒugou	名	ワンちゃん←狗 gǒu 名 犬
⑬ 特别	tèbié	副	特に
⑭ 抱	bào	動	抱く
⑮ 认生	rènshēng	動	人見知りする
⑯ 好像	hǎoxiàng	副	～のような気がする

练习 A
liànxí

1 音声のあとについて発音しながら、読まれた順に（　）に番号を書きなさい。 CD 109

①（　　）背が高い（　　）髪が長い（　　）目が大きい

②（　　）ペット（　　）天気（　　）身体

③（　　）嬉しくない（　　）安くない（　　）おいしくない

④（　　）私も好き（　　）私は忙しい（　　）すごく疲れた

2 音声を聞いて、絵の説明として適当なものをＡ～Ｃの中から１つ選び、その記号を（　　）に書きなさい。 CD 110

①（　　）　②（　　）　③（　　）　④（　　）

⑤（　　）　⑥（　　）　⑦（　　）　⑧（　　）

3 会話文を聞いて、問いに中国語で答え、漢字とピンインを書きなさい。 CD 111

① 漢字＿＿＿＿＿＿＿＿ ピンイン＿＿＿＿＿＿＿＿

② 漢字＿＿＿＿＿＿＿＿ ピンイン＿＿＿＿＿＿＿＿

4 次の日本語を中国語に訳し、漢字とピンインを書きなさい。

① 彼は背が高いです。

漢字＿＿＿＿＿＿＿＿ ピンイン＿＿＿＿＿＿＿＿

② このりんごは少しもおいしくありません。

漢字＿＿＿＿＿＿＿＿ ピンイン＿＿＿＿＿＿＿＿

第 11 课
Dì shíyī kè

看图说话 kàntú shuōhuà

1 「A は B より〜だ」の文型を練習しましょう。 CD112

草莓 比 苹果 小。
Cǎoméi bǐ píngguǒ xiǎo.

桃子 比 香蕉 贵。
Táozi bǐ xiāngjiāo guì.

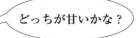

西瓜 比 葡萄 甜。
Xīguā bǐ pútao tián.

どっちが甘いかな？

2 「A は B ほど〜でない」の文型を練習しましょう。 CD113

这个 菜 没有 那个 菜 好吃。
Zhèige cài méiyou nèige cài hǎochī.

这个 酒 没有 那个 酒 好喝。
Zhèige jiǔ méiyou nèige jiǔ hǎohē.

这个 店 没有 那个 店 有 人气。
Zhèige diàn méiyou nèige diàn yǒu rénqì.

语法说明 yǔfǎ shuōmíng

1 比较文 CD115

【肯定】 **A ＋“比”＋ B＋形容詞** ——— 「A は B より〜だ」

今天 比 昨天 冷。 Jīntiān bǐ zuótiān lěng.

【否定】 **A ＋“没有”＋ B＋形容詞** ——— 「A は B ほど〜でない」

今天 没有 昨天 热。 Jīntiān méiyou zuótiān rè.

3 省略疑問文「～は？」の文型を練習しましょう。

CD 114

A：我 回家，你 呢？
Wǒ huíjiā, nǐ ne?

B：我 打工。
Wǒ dǎgōng.

A：我 喝 啤酒，你 呢？
Wǒ hē píjiǔ, nǐ ne?

B：我 喝 梅酒。
Wǒ hē méijiǔ.

A：东京 交通 很 方便，北京 呢？
Dōngjīng jiāotōng hěn fāngbiàn, Běijīng ne?

B：北京 也 很 方便。
Běijīng yě hěn fāngbiàn.

2 省略疑問文 ～“呢”？——「～は？」

我 喜欢 弹 钢琴，你 呢？——我 喜欢 弹 吉他。
Wǒ xǐhuan tán gāngqín, nǐ ne? Wǒ xǐhuan tán jítā.

会话
huìhuà

まず音声を聞いて空欄を埋め、さらに会話を練習しましょう。 CD116

§ 梨加さんは大地君とレストランに入りました。「私」は大地くん役。

梨加：(　　　　　　　)比　那个　店(　　　　　　　)。
Líjiā:　bǐ nèige diàn .

我：是　啊。不过，我　减肥，只　吃　色拉。(　　　)？
wǒ: Shì a. Búguò, wǒ jiǎnféi, zhǐ chī sèlā. ?

梨加：(メニューを見て)我　要　一　个　炸猪排　套餐　和　一　个　芝士　蛋糕。
Líjiā: Wǒ yào yí ge zházhūpái tàocān hé yí ge zhīshì dàngāo.

我：你　饭量　真　大！
wǒ: Nǐ fànliàng zhēn dà!

梨加：このお店はあのお店より人気があるよね。
私：そうだね。でも、俺、ダイエット中だから、サラダだけにするわ。君は？
梨加：トンカツ定食とチーズケーキを頼むわ。
私：よく食うね！

生词 shēngcí

CD117

① 小	xiǎo	形 小さい⇔大 dà
② 甜	tián	形 甘い
③ 店	diàn	名 店
④ 好喝	hǎohē	形 (飲み物が)おいしい
⑤ 有人气	yǒu rénqì	人気がある
⑥ 冷	lěng	形 寒い⇔热 rè
⑦ 吉他	jítā	名 ギター
⑧ 啊	a	助 (語調を整える)～だね
⑨ 不过	búguò	接 しかし
⑩ 减肥	jiǎnféi	動 ダイエットする
⑪ 只	zhǐ	副 ただ～だ
⑫ 色拉	sèlā	名 サラダ
⑬ 炸猪排	zházhūpái	名 トンカツ
⑭ 和	hé	接 ～と
⑮ 芝士	zhīshì	名 チーズ
⑯ 蛋糕	dàngāo	名 ケーキ
⑰ 饭量	fànliàng	名 食べる量
⑱ 真	zhēn	副 本当に

1 音声のあとについて発音しながら、読まれた順に（　）に番号を書きなさい。　CD118

① （　　）ビール　（　　）梅酒　（　　）アメリカ

② （　　）飲み物　（　　）紅茶　（　　）食べる量

③ （　　）トンカツ　（　　）ケーキ　（　　）サラダ

④ （　　）ダイエットする　（　　）食堂　（　　）音楽

2 音声を聞いて、絵の説明として適当なものをA～Cの中から1つ選び、その記号を（　）に書きなさい。　CD119

①（　　）　②（　　）　③（　　）　④（　　）

⑤（　　）　⑥（　　）　⑦（　　）　⑧（　　）

3 会話文を聞いて、問いに中国語で答え、漢字とピンインを書きなさい。　CD120

① 漢字＿＿＿＿＿＿＿＿＿＿　ピンイン＿＿＿＿＿＿＿＿＿＿

② 漢字＿＿＿＿＿＿＿＿＿＿　ピンイン＿＿＿＿＿＿＿＿＿＿

4 次の日本語を中国語に訳し、漢字とピンインを書きなさい。

① このビールはあのビールほどおいしくありません。

漢字＿＿＿＿＿＿＿＿＿＿　ピンイン＿＿＿＿＿＿＿＿＿＿

② 私は音楽を聴くのが好きです、あなたは？

漢字＿＿＿＿＿＿＿＿＿＿　ピンイン＿＿＿＿＿＿＿＿＿＿

第12课 复习
Dì shí'èr kè fùxí

1 音声のあとについて発音しながら、読まれた順に（　）に番号を書きなさい。CD121

1）（　　）アメリカ　（　　）最近　（　　）ダイエットする
2）（　　）アルバイトをする　（　　）交通　（　　）ケーキ
3）（　　）子供　（　　）定食　（　　）可愛い
4）（　　）公園　（　　）ビール　（　　）安い
5）（　　）色　（　　）好きである　（　　）休む
6）（　　）相談する　（　　）店　（　　）食堂
7）（　　）衣服　（　　）サラダ　（　　）髪の毛
8）（　　）ペット　（　　）似合っている　（　　）スイカ
9）（　　）気持ちがよい　（　　）あちら　（　　）遊ぶ
10）（　　）赤　（　　）青　（　　）黄色
11）（　　）嬉しい　（　　）背丈　（　　）人見知りする
12）（　　）宿題をする　（　　）便利である　（　　）人気がある
13）（　　）漫画を読む　（　　）試験　（　　）ピアノを弾く
14）（　　）電話をかける　（　　）野球をする　（　　）力が強い
15）（　　）洗濯する　（　　）トンカツ　（　　）おいしい

2 次の日本語を中国語で言い表すとき、最も適当なものを①～③の中から選びなさい。
CD122

1）私は部屋を掃除します。

①　　②　　③

2）私たちはパンダを見に行きます。

①　　②　　③

3） 私は家で食事をしません。

①　②　③

4） この人は私の兄です。

①　②　③

5） 私は音楽を聴くのが好きです。

①　②　③

6） アメリカは交通の便がいいです。

①　②　③

7） なんて気持ちがいいんでしょう。

①　②　③

8） 私は彼に電話をかけます。

①　②　③

9） このビールは少しもおいしくありません。

①　②　③

10） イチゴはリンゴより赤いです。

①　②　③

11） 今日は昨日ほど寒くありません。

①　②　③

12） 私は買い物をするのが好きです。あなたは？

①　②　③

13） あなたはあちらで並んでください。

①　②　③

14） ちょっと試着してみてください。

①　②　③

15） あなたはどの服が好きですか？

①　②　③

3　次の問いに対する答えとして最も適当なものを①～③の中から選びなさい。　CD 123

1）①　②　③
2）①　②　③
3）①　②　③
4）①　②　③
5）①　②　③
6）①　②　③
7）①　②　③
8）①　②　③
9）①　②　③
10）①　②　③

4　次の絵の説明として最も適当な中国語を①～③の中から選びなさい。　CD 124

1）

①　②　③

2）

①　②　③

3）

①　②　③

4）

①　②　③

5）

①　②　③

6）

①　②　③

5 次の中国語のピンインとして正しいものを①～④の中から１つ選びなさい。

1） **食堂**　① shītáng　② shídáng　③ shítáng　④ shīdáng

2） **美国**　① Mǎigōu　② Mǎiguó　③ Měiguō　④ Měiguó

3） **作业**　① zuòyì　② zuòyè　③ zhuòyì　④ zhuòyè

4） **商量**　① sānlian　② shānglian　③ sānliang　④ shāngliang

5） **最近**　① zuìjìn　② sàijìn　③ sàijìng　④ zàijìn

6） **房间**　① fánjiāng　② fángjiān　③ fànjiāng　④ fàngjiān

7） **便宜**　① biànyī　② biànyí　③ piányi　④ piányī

8） **好吃**　① hàochī　② hǎocī　③ hàocī　④ hǎochī

9） **公园**　① gōngyuàn　② gōngyàn　③ gōngyán　④ gōngyuán

10） **蛋糕**　① tàngāo　② dàngāo　③ tànkāo　④ dànkāo

6　日本語の意味になるように空欄を埋めるとき、最も適当なものを①～④の中から１つ選びなさい。

1）　彼はイギリス人ですが、あなたは？

他　是　英国人，你 ＿＿＿＿＿ ？
Tā　shì　Yīngguórén,　nǐ　？

①呢 ne　②吧 ba　③吗 ma　④的 de

2）　このパソコンはなんて高いんでしょう！

这个　电脑　好　贵 ＿＿＿＿＿ ！
Zhèige　diànnǎo　hǎo　guì　!

①吗 ma　②吧 ba　③呢 ne　④啊 a

3）　私は彼女に電話をかけます。

我 ＿＿＿＿＿ 她　打　电话。
Wǒ　tā　dǎ　diànhuà.

①给 gěi　②不 bù　③在 zài　④是 shì

4）　私も映画を観るのが好きです。

我 ＿＿＿＿＿ 喜欢　看　电影。
Wǒ　xǐhuan　kàn　diànyǐng.

①一 yī　②不 bù　③也 yě　④的 de

5） 今日は昨日ほど寒くありません。

今天 ＿＿＿＿＿＿ 昨天　冷。
Jīntiān　zuótiān　lěng.

①不 bù　②比 bǐ　③没有 méiyou　④给 gěi

7　次の日本語を中国語に訳したとき、〔　　〕に入る簡体字を字体に注意して書きなさい。

1） 定食　〔　　〕〔　　〕

2） 並ぶ　〔　　〕〔　　〕

3） 試験　〔　　〕〔　　〕

4） 気持ちがよい　〔　　〕服

5） ケーキ　〔　　〕〔　　〕

6） ビール　〔　　〕酒

7） 部屋を掃除する　打〔　　〕房〔　　〕

8） 野菜を食べる　〔　　〕〔　　〕菜

9） 私はイチゴが好きです。　我　喜〔　　〕吃　草〔　　〕。

10） 彼女はピアノを弾きます。　她〔　　〕〔　　〕琴。

8 日本語の意味になるように①～④を並べ替え、空欄に漢字を書きなさい。

1） 私は学校に授業を受けに行きます。

＿＿＿＿＿ ＿＿＿＿＿ ＿＿＿＿＿ ＿＿＿＿＿。

①上课 shàngkè　②学校 xuéxiào　③我 wǒ　④去 qù

2） 兄は家で食事をしません。

哥哥＿＿＿＿＿ ＿＿＿＿＿ ＿＿＿＿＿ ＿＿＿＿＿。

Gēge

①不 bú　②吃饭 chīfàn　③在 zài　④家 jiā

3） 弟は野球をするのが好きです。

＿＿＿＿＿ ＿＿＿＿＿ ＿＿＿＿＿ ＿＿＿＿＿。

①喜欢 xǐhuan　②棒球 bàngqiú　③打 dǎ　④弟弟 dìdi

4） あなたはどの人が好きですか？

＿＿＿＿＿ ＿＿＿＿＿ ＿＿＿＿＿ ＿＿＿＿＿？

①哪个 něige　②你 nǐ　③人 rén　④喜欢 xǐhuan

5） 私はちょっと考えてみます。

＿＿＿＿＿ ＿＿＿＿＿ ＿＿＿＿＿ ＿＿＿＿＿。

①想 xiǎng　②想 xiang　③我 wǒ　④一 yi

6） 母は私たちにご飯を作ってくれます。

＿＿＿＿＿ ＿＿＿＿＿ ＿＿＿＿＿ ＿＿＿＿＿。

①我们 wǒmen　②做 饭 zuò fàn　③妈妈 māma　④给 gěi

7） 彼は目が大きいです。

__________ __________ __________ __________。

①很 hěn　②大 dà　③眼睛 yǎnjing　④他 tā

8） この財布は少しも安くありません。

这个　钱包__________ __________ __________ __________。

Zhèige qiánbāo

①一点儿 yìdiǎnr　②便宜 piányi　③也 yě　④不 bù

9） このパンダはなんて可愛いんでしょう！

__________ __________ __________ __________！

①好 hǎo　②啊 a　③可爱 kě'ài　④这个 熊猫 zhèige xióngmāo

10） 日本は中国ほど大きくありません。

__________ __________ __________ __________。

①没有 méiyou　②大 dà　③日本 Rìběn　④中国 Zhōngguó

第 13 课
Dì shísān kè

看图说话 kàntú shuōhuà

1 「～がしたい，～がしたくない」の文型を練習しましょう。 CD125

我 想 睡觉，不 想 起床。
Wǒ xiǎng shuìjiào, bù xiǎng qǐchuáng.

我 想 回家， 不 想 加班。
Wǒ xiǎng huíjiā, bù xiǎng jiābān.

我 想 吃 牛排， 不 想 吃 色拉。
Wǒ xiǎng chī niúpái, bù xiǎng chī sèlā.

我 想 喝 可乐， 不 想 喝 牛奶。
Wǒ xiǎng hē kělè, bù xiǎng hē niúnǎi.

2 絵を見ながら「何がしたいですか？」という質問に答えましょう。 CD126

上 厕所
shàng cèsuǒ

泡 温泉
pào wēnquán

谈 恋爱
tán liàn'ài

A：你 想 干 什么？
Nǐ xiǎng gàn shénme?

B：我 想＿＿＿＿＿＿。
Wǒ xiǎng ＿＿＿＿＿＿.

语法说明 yǔfǎ shuōmíng

1 助動詞“想”　“想”＋動詞 ——「～したい」 CD129

我 想 吃 北京 烤鸭。
Wǒ xiǎng chī Běijīng kǎoyā.

我 不 想 喝 酒。
Wǒ bù xiǎng hē jiǔ.

2 指示代名詞（2）

ここ	这儿 zhèr	あそこ	那儿 nàr	どこ	哪儿 nǎr
	这里 zhèli		那里 nàli		哪里 nǎli

3 絵を指さしながら「ここに～がある」という文型を練習しましょう。 CD127

快餐店
kuàicāndiàn

美容院
měiróngyuàn

麦当劳
Màidāngláo

便利店
biànlìdiàn

洗手间
xǐshǒujiān

肯德基
Kěndéjī

这儿 有 ＿＿＿＿＿，那儿 有 ＿＿＿＿＿。
Zhèr yǒu ＿＿＿＿＿, nàr yǒu ＿＿＿＿＿.

哪儿 有 ＿＿＿＿＿？
Nǎr yǒu ＿＿＿＿＿?

4 「学校に～がある」「学校に ～がない」の文型を練習しましょう。 CD128

学校里 有 食堂。 学校里 没有 便利店。
Xuéxiàoli yǒu shítáng. Xuéxiàoli méiyǒu biànlìdiàn.

ATM 美容院 měiróngyuàn

WiFi 麦当劳 Màidāngláo

---

3 「存在」を表す“有” 場所＋“有”＋モノ／ヒト——「～に…がある／いる」

车站里 有 很 多 人。 Chēzhànli yǒu hěn duō rén.

桌子上 有 两 个 面包。 Zhuōzishang yǒu liǎng ge miànbāo.

这儿 没有 邮局。 Zhèr méiyǒu yóujú.

＊名詞の後ろに“－上（～の上）”や“－里（～の中）”などをつけて、場所であることを示す。

＊“有”の否定は“没有”である。

会话
huìhuà

まず音声を聞いて空欄を埋め、さらに会話を練習しましょう。 CD130

§「私」は中国に出張中の中村さんです。ただ今、中国人の同僚と高速道路を走行中。

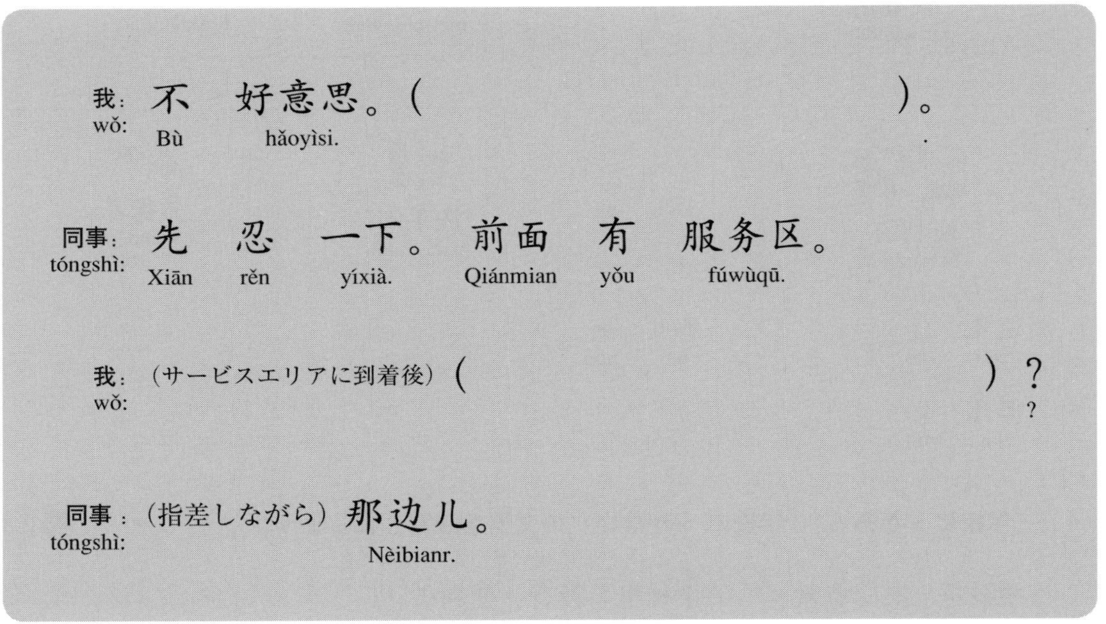

我：不　好意思。（　　　　　　　　　　　　）。
wǒ: Bù　hǎoyìsi.

同事：先　忍　一下。前面　有　服务区。
tóngshì: Xiān　rěn　yíxià.　Qiánmian　yǒu　fúwùqū.

我：（サービスエリアに到着後）（　　　　　　　　　　　　）？
wǒ:

同事：（指差しながら）那边儿。
tóngshì: Nèibianr.

私：すみません。トイレに行きたいんですが。
同僚：ちょっと我慢して下さい。前方にサービスエリアがありますから。
私：どこにお手洗いがありますか？
同僚：あちらです。

生词 shēngcí

CD131

① 加班	jiābān	動	残業する
② 牛排	niúpái	名	ビーフステーキ
③ 上厕所	shàng cèsuǒ		トイレに行く
④ 北京烤鸭	Běijīng kǎoyā	名	北京ダック
⑤ 车站	chēzhàn	名	駅
⑥ －里	li	名	～の中
⑦ 桌子	zhuōzi	名	机
⑧ －上	shang	名	～の上
⑨ 邮局	yóujú	名	郵便局
⑩ 同事	tóngshì	名	同僚
⑪ 不好意思	bù hǎoyìsi		すみません
⑫ 忍	rěn	動	我慢する
⑬ 前面	qiánmian	名	前
⑭ 有	yǒu	動	ある⇔没有 méiyǒu
⑮ 服务区	fúwùqū	名	サービスエリア

练习 A
liànxí

1 **音声のあとについて発音しながら、読まれた順に（　）に番号を書きなさい。** CD132

① （　　　）牛丼　（　　　）牛乳　（　　　）緑色

② （　　　）美容院　（　　　）安い　（　　　）コンビニ

③ （　　　）郵便局　（　　　）食堂　（　　　）お手洗い

④ （　　　）恋愛をする　（　　　）トイレに行く　（　　　）温泉に入る

2 **音声を聞いて、絵の説明として適当なものをＡ～Ｃの中から１つ選び、その記号を（　　）に書きなさい。** CD133

①（　　　）　②（　　　）　③（　　　）　④（　　　）

⑤（　　　）　⑥（　　　）　⑦（　　　）　⑧（　　　）

3 **会話文を聞いて、問いに中国語で答え、漢字とピンインを書きなさい。** CD134

① 漢字＿＿＿＿＿＿＿＿＿＿　ピンイン＿＿＿＿＿＿＿＿＿＿

② 漢字＿＿＿＿＿＿＿＿＿＿　ピンイン＿＿＿＿＿＿＿＿＿＿

4 **次の日本語を中国語に訳し、漢字とピンインを書きなさい。**

① 私は北京ダックが食べたいです。

漢字＿＿＿＿＿＿＿＿＿＿　ピンイン＿＿＿＿＿＿＿＿＿＿

② ここにはトイレがありません。

漢字＿＿＿＿＿＿＿＿＿＿　ピンイン＿＿＿＿＿＿＿＿＿＿

第 14 课
Dì shísì kè

看图说话 kàntú shuōhuà

1 絵を見ながら「～は…にいる」の文型を練習しましょう。 CD135

他 在 咖啡厅里。 ⇔ 他 不 在 咖啡厅里。
Tā zài kāfēitīngli. Tā bú zài kāfēitīngli.

图书馆 图书馆
túshūguǎn túshūguǎn

她 在 美容院里。 ⇔ 她 不 在 美容院里。
Tā zài měiróngyuànli. Tā bú zài měiróngyuànli.

健身房 健身房
jiànshēnfáng jiànshēnfáng

他／她 在 哪儿？
Tā Tā zài nǎr?

2 絵を見ながら、「～の上にいる」のフレーズを覚えましょう。 CD136

在 床上 在 桌子上 在 沙发上
zài chuángshang zài zhuōzishang zài shāfāshang

A：猫 在 哪儿？
Māo zài nǎr?

B：＿＿＿＿＿＿＿＿。

语法说明 yǔfǎ shuōmíng

1 「存在」を表す"在" モノ／ヒト＋"在"＋場所 ――「～は…にある／いる」 CD138

你 的 手机 在 沙发上。
Nǐ de shǒujī zài shāfāshang.

我们 老师 不 在 教室里。
Wǒmen lǎoshī bú zài jiàoshìli.

3 「～に…がある」、「～は…にある」の文型を練習しましょう。 CD137

银行	邮局	车站	超市
yínháng	yóujú	chēzhàn	chāoshì

我 家 附近 有 一 个 银行。
Wǒ jiā fùjìn yǒu yí ge yínháng.

那个 银行 在 我 家 附近。
Nèige yínháng zài wǒ jiā fùjìn.

学校 xuéxiào	邮局 yóujú	邮局 yóujú	学校 xuéxiào
车站 chēzhàn	超市 chāoshì	超市 chāoshì	车站 chēzhàn

2 「存在」を表す"有"と"在"の違い

場所＋"有"＋モノ／ヒト ⇒この場合、「モノやヒト」は不特定のもの。

书包里 有 一 本 书。
Shūbāoli yǒu yì běn shū.

モノ／ヒト＋"在"＋場所 ⇒この場合、「モノやヒト」は特定のもの。

那 本 书 在 书包里。
Nèi běn shū zài shūbāoli.

会话
huìhuà

まず音声を聞いて空欄を埋め、さらに会話を練習しましょう。 CD139

§「私」は高校生の結菜。ケーキを楽しみに部活から帰ると…

我：妈妈，我 的 蛋糕（　　　　　　　　　　　）？
wǒ: Māma, wǒ de dàngāo ?

妈妈：（2 階から）（　　　　　　　　　　　）。你 自己 吃 吧。
māma: Nǐ zìjǐ chī ba.

我：奇怪。（　　　　　　　　　　　）啊！
wǒ: Qíguài. a!

妈妈：（2 階から下りてきて…）哦，我 知道 了。你 问 小猫 吧。
māma: Ò, wǒ zhīdao le. Nǐ wèn xiǎomāo ba.

私：ママ、私のケーキはどこ？
ママ：机の上にあるわよ。自分で食べて。
私：変だなあ。机の上にないよ！
ママ：あっ、分かったわ。猫ちゃんに聞いてごらんなさい。

生词 shēngcí

CD140

① 在	zài	動 ～にある、いる	⑦ 自己	zìjǐ	代 自分、自分で
② 附近	fùjìn	名 付近	⑧ 奇怪	qíguài	形 おかしい
③ 沙发	shāfā	名 ソファー	⑨ 哦	ò	感 (納得、合点の気持ちを表す)ああ
④ 老师	lǎoshī	名 先生	⑩ 知道	zhīdao	動 知っている
⑤ 教室	jiàoshì	名 教室	⑪ 问	wèn	動 聞く
⑥ 书包	shūbāo	名 通学用かばん	⑫ 小猫	xiǎomāo	名 猫ちゃん

1 音声のあとについて発音しながら、読まれた順に（　）に番号を書きなさい。

CD 141

① （　　　）図書館（　　　）カフェ（　　　）美容院

② （　　　）駅（　　　）スーパーマーケット（　　　）チャーハン

③ （　　　）飲み物（　　　）音楽（　　　）銀行

④ （　　　）あの学校（　　　）1軒の郵便局（　　　）あのケーキ

2 音声を聞いて、絵の説明として適当なものをA～Cの中から1つ選び、その記号を（　）に書きなさい。

CD 142

① （　　　）

② （　　　）

③ WC ? （　　　）

④ ATM （　　　）

⑤ （　　　）

⑥ （　　　）

⑦ SUPER MARKET （　　　）

⑧ （　　　）

3 会話文を聞いて、問いに中国語で答え、漢字とピンインを書きなさい。

CD 143

① 漢字＿＿＿＿＿＿＿＿ ピンイン＿＿＿＿＿＿＿＿

② 漢字＿＿＿＿＿＿＿＿ ピンイン＿＿＿＿＿＿＿＿

4 次の日本語を中国語に訳し、漢字とピンインを書きなさい。

① 私の家の近くには1軒のスーパーマーケットがあります。

漢字＿＿＿＿＿＿＿＿ ピンイン＿＿＿＿＿＿＿＿

② あの本は今図書館にありません。

漢字＿＿＿＿＿＿＿＿ ピンイン＿＿＿＿＿＿＿＿

第 15 课
Dì shíwǔ kè

看图说话 kàntú shuōhuà

1 家族の絵を指差しながら「～を持っている」の文型を練習しましょう。 CD144

他 有 妹妹。
Tā yǒu mèimei.

她 有 哥哥。
Tā yǒu gēge.

他们 有 爸爸、妈妈。
Tāmen yǒu bàba、 māma.

他们 有 两 个 孩子。
Tāmen yǒu liǎng ge háizi.

他们 家 有 一 个 小猫。
Tāmen jiā yǒu yí ge xiǎomāo.

2 「あなたは～を持っていますか？」の文型を練習しましょう。 CD145

你 有 时间 吗？ ⇒ 我 没有 时间。
Nǐ yǒu shíjiān ma? Wǒ méiyǒu shíjiān.

问题 问题
wèntí wèntí

月票 月票
yuèpiào yuèpiào

语法说明 yǔfǎ shuōmíng

1 所有を表すいい方 主語＋"有"＋モノ／ヒト ――「～は…を持っている」 CD147

我 有 手机。 Wǒ yǒu shǒuji.

他 有 兄弟姐妹。 Tā yǒu xiōngdìjiěmèi.

他们 没有 哥哥。 Tāmen méiyǒu gēge.

2 ～，"怎么样"？――「～するのは、いかがですか？」

＊提案して、人の意向を聞く。文末につける。

いいよ。／ダメ。

我们 去 逛 商店， 怎么样？――好 啊。／不行。
Wǒmen qù guàng shāngdiàn, zěnmeyàng? Hǎo a. Bùxíng.

3 「～した」の文型を練習しましょう。 CD146

他 来 日本 了。 Tā lái Rìběn le. ⇔ 他 没有 来 日本。 Tā méiyou lái Rìběn.

他 吃 早饭 了。 Tā chī zǎofàn le. ⇔ 他 没有 吃 早饭。 Tā méiyou chī zǎofàn.

他 踢 足球 了。 Tā tī zúqiú le. ⇔ 他 没有 踢 足球。 Tā méiyou tī zúqiú.

他 泡 温泉 了。 Tā pào wēnquán le. ⇔ 他 没有 泡 温泉。 Tā méiyou pào wēnquán.

他 喝了 一 杯 咖啡。 Tā hēle yì bēi kāfēi.

他 看了 一 个 电影。 Tā kànle yí ge diànyǐng.

他 买了 一 件 衣服。 Tā mǎile yí jiàn yīfu.

3 完了を表すいい方 **動詞＋“了”** ——「～した」

我 吃了。 Wǒ chīle.

我 吃 蛋糕 了。 Wǒ chī dàngāo le.

我 吃了 一 个 蛋糕。 Wǒ chīle yí ge dàngāo.

＊目的語に修飾語がない場合、“了” は目的語の後ろに置く。

＊目的語に修飾語がある場合、“了” は動詞の後ろに置く。

我 没（有） 吃 蛋糕。 Wǒ méi (you) chī dàngāo.

＊否定には、“没（有）” を用い、“了” は付けない。

会话
huìhuà

まず音声を聞いて空欄を埋め、さらに会話を練習しましょう。 CD148

§「私」は美香。今、留学仲間のアメリカ人、マリーさんが来日しています。友達の蓮くんが３人で会おうと連絡してきました。

蓮：喂，美香。玛丽 昨天（　　　　　　　　）。
Lián: Wéi, Měixiāng. Mǎlì zuótiān　　　　　　　　.

我：我 也 刚 知道。
wǒ: Wǒ yě gāng zhīdao.

蓮：我们 三 个 人 周末 见面，怎么样？
Lián: Wǒmen sān ge rén zhōumò jiànmiàn, zěnmeyàng?

我：好 啊。周末（　　　　　　　　）。
wǒ: Hǎo a. Zhōumò　　　　　　　　.

蓮：もしもし、美香。マリーさんが昨日日本に来たんだよ。
私：私も今知ったところよ。
蓮：３人で週末に会おうか？
私：いいわよ。週末は時間があるから。

生词 shēngcí

CD149

① 时间 shíjiān 名 時間
② 问题 wèntí 名 質問
③ 了 le 助（動作の完了を表す）～した
④ 没有 méiyou 副（動作の発生を否定する）～しなかった、～していない
⑤ 早饭 zǎofàn 名 朝食
⑥ 兄弟姐妹 xiōngdìjiěmèi 名 兄弟姉妹
⑦ 怎么样 zěnmeyàng 疑（意向を尋ねる）いかがですか
⑧ 喂 wéi 感 もしもし
⑨ 刚 gāng 副 たった今
⑩ 周末 zhōumò 名 週末
⑪ 见面 jiànmiàn 動 会う

练习 A
liànxí

1 **音声のあとについて発音しながら、読まれた順に（　）に番号を書きなさい。** CD150

① （　　）机　（　　）桃　（　　）子供

② （　　）部屋　（　　）バナナ　（　　）時間

③ （　　）チャーハン　（　　）食事をする　（　　）朝食

④ （　　）温泉に入る　（　　）ケーキを食べる　（　　）サッカーをする

2 **音声を聞いて、絵の説明として適当なものをＡ～Ｃの中から１つ選び、その記号を（　）に書きなさい。** CD151

① （　　）　② （　　）　③ （　　）　④ （　　）

⑤ （　　）　⑥ （　　）　⑦ （　　）　⑧ （　　）

3 **会話文を聞いて、問いに中国語で答え、漢字とピンインを書きなさい。** CD152

① 漢字＿＿＿＿＿＿＿＿　ピンイン＿＿＿＿＿＿＿＿

② 漢字＿＿＿＿＿＿＿＿　ピンイン＿＿＿＿＿＿＿＿

4 **次の日本語を中国語に訳し、漢字とピンインを書きなさい。**

① 彼は昨日学校に授業を受けに来ませんでした。

漢字＿＿＿＿＿＿＿＿　ピンイン＿＿＿＿＿＿＿＿

② 私たち３人で週末に会いませんか？

漢字＿＿＿＿＿＿＿＿　ピンイン＿＿＿＿＿＿＿＿

第 16 课

Dì shíliù kè

看图说话 kàntú shuōhuà

1 矢印をなぞりながら道順を言うフレーズを覚えましょう。 CD153

一直 走
yìzhí zǒu

往 左 拐 ⇔ 往 右 拐
wǎng zuǒ guǎi wǎng yòu guǎi

过 马路
guò mǎlù

去 车站， 怎么 走？
Qù chēzhàn, zěnme zǒu?

2 「～に乗る」というフレーズを覚えて、会話してみましょう。 CD154

坐 电车
zuò diànchē

坐 地铁
zuò dìtiě

坐 公交车
zuò gōngjiāochē

A：你 怎么 来 学校？
Nǐ zěnme lái xuéxiào?

B：我 ＿＿＿＿ 来 学校。
Wǒ lái xuéxiào.

语法说明 yǔfǎ shuōmíng

1 **疑問詞 "怎么"** ―― ①方法「どのように～するのか」 CD156

你 怎么 去 图书馆？ ―― 我 骑 自行车 去。
Nǐ zěnme qù túshūguǎn? Wǒ qí zìxíngchē qù.

3 「～は…から近い／遠い」の文型を練習しましょう。 CD155

车站　离　这儿　很　近。
Chēzhàn　lí　zhèr　hěn　jìn.

银行
yínháng

超市　离　这儿　很　远。
Chāoshì　lí　zhèr　hěn　yuǎn.

我　家
wǒ　jiā

＿＿＿＿＿离　这儿　远　吗?
lí　zhèr　yuǎn　ma?

2 前置詞“离”　A＋“离”＋B～ ――「AはBから／まで～」

＊前置詞“离”はA、B 2点間の隔たりを表すときに用いる。

我们　大学　离　车站　很　近。
Wǒmen　dàxué　lí　chēzhàn　hěn　jìn.

会话
huìhuà

まず音声を聞いて空欄を埋め、さらに会話を練習しましょう。 CD157

§「私」は日本人観光客。北京旅行中に体調を崩し、病院に行く途中です。

我：(病院名を見せながら) 请问，去 这个 医院（　　　　）？
wǒ: Qǐngwèn, qù zhèige yīyuàn ?

中国人：(前方を指差して)（　　　　　　　　），再 往 右 拐。
Zhōngguórén: , zài wǎng yòu guǎi.

我：(　　　　　　　　　　　　) 吗？
wǒ: ma?

中国人：不 远。我 带 你 去 吧。
Zhōngguórén: Bù yuǎn. Wǒ dài nǐ qù ba.

私：すみません、この病院へはどう行けばいいですか？
中国人：まっすぐ行って、それから右に曲がって下さい。
私：ここから遠いですか？
中国人：遠くありません。私がご案内しましょう。

生词 shēngcí

CD158

① 一直	yìzhí	副	まっすぐに
② 往	wǎng	前	～へ
③ 右	yòu	名	右⇔左 zuǒ
④ 拐	guǎi	動	曲がる
⑤ 怎么	zěnme	疑	どうやって
⑥ 走	zǒu	動	行く、歩く
⑦ 离	lí	前	～から、～まで
⑧ 近	jìn	形	近い
⑨ 远	yuǎn	形	遠い
⑩ 骑	qí	動	(跨って) 乗る
⑪ 自行车	zìxíngchē	名	自転車
⑫ 大学	dàxué	名	大学
⑬ 请问	qǐngwèn		(相手に尋ねる前の前置き) お尋ねします
⑭ 医院	yīyuàn	名	病院
⑮ 再	zài	副	それから
⑯ 带	dài	動	連れる

1 音声のあとについて発音しながら、読まれた順に（ ）に番号を書きなさい。 CD159

① （　　）まっすぐ行く （　　）右に曲がる （　　）左に曲がる

② （　　）地下鉄に乗る （　　）自転車に乗る （　　）バスに乗る

③ （　　）学校に行かない （　　）会社に行かない （　　）野菜を食べない

④ （　　）ここから遠い （　　）ここから近い （　　）駅から近い

2 音声を聞いて、絵の説明として適当なものをA～Cの中から1つ選び、その記号を（ ）に書きなさい。 CD160

① （　　） ② （　　） ③ （　　） ④ （　　）

⑤ （　　） ⑥ （　　） ⑦ （　　） ⑧ （　　）

3 会話文を聞いて、問いに中国語で答え、漢字とピンインを書きなさい。 CD161

① 漢字＿＿＿＿＿＿＿＿＿＿ ピンイン＿＿＿＿＿＿＿＿＿＿

② 漢字＿＿＿＿＿＿＿＿＿＿ ピンイン＿＿＿＿＿＿＿＿＿＿

4 次の日本語を中国語に訳し、漢字とピンインを書きなさい。

① すみません、駅へはどのように行けばいいですか？

漢字＿＿＿＿＿＿＿＿＿＿ ピンイン＿＿＿＿＿＿＿＿＿＿

② 私の家は病院から近いです。

漢字＿＿＿＿＿＿＿＿＿＿ ピンイン＿＿＿＿＿＿＿＿＿＿

第 17 课
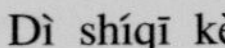
Dì shíqī kè

看图说话 kàntú shuōhuà

1 「動詞＋結果補語」のフレーズを覚えましょう。 CD162

吃完 了 chīwán le	⇔	没有 吃完 méiyou chīwán	⇔	吃完 了 吗? chīwán le ma?
答对 了 dáduì le	⇔	没有 答对 méiyou dáduì	⇔	答对 了 吗? dáduì le ma?
听懂 了 tīngdǒng le	⇔	没有 听懂 méiyou tīngdǒng	⇔	听懂 了 吗? tīngdǒng le ma?
准备好 了 zhǔnbèihǎo le	⇔	没有 准备好 méiyou zhǔnbèihǎo	⇔	准备好 了 吗? zhǔnbèihǎo le ma?

语法说明 yǔfǎ shuōmíng

1 結果補語　動詞＋結果補語 CD165

＊動作の結果を表す。結果補語の後ろには、しばしば“了”が付く。

猜・对・了 cāiduì le ——「推測する」＋「合っている」⇒「推測が当たった」
做・完・了 zuòwán le ——「やる」＋「終わる」⇒「やり終えた」
听・懂・了 tīngdǒng le ——「聞く」＋「理解する」⇒「聞き取れた」
写・好・了 xiěhǎo le ——「書く」＋「ちゃんと～する」⇒「書き上げた」

2 「～をしている」の文型を練習しましょう。 CD163

他　在　洗澡。
Tā　zài　xǐzǎo.

她　在　化妆。
Tā　zài　huàzhuāng.

他　在　玩儿　游戏。
Tā　zài　wánr　yóuxì.

她们　在　聊天儿。
Tāmen　zài　liáotiānr.

______ 在　干　什么？
zài　gàn　shénme?

3 「～をしないで」という禁止表現の文型を練習しましょう。 CD164

别　哭。
Bié kū.

别　走。
Bié zǒu.

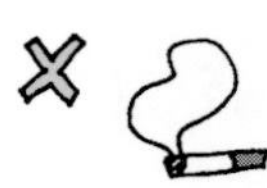

别　抽烟。
Bié chōuyān.

别　说话。
Bié shuōhuà.

2 進行を表すいい方

"在"～"呢" ——「～しているところだ」

＊"在"あるいは"呢"のどちらか一方を省略することができる。

他　在　打　电话　呢。／他　在　打　电话。／他　打　电话　呢。
Tā　zài　dǎ　diànhuà　ne.　Tā　zài　dǎ　diànhuà.　Tā　dǎ　diànhuà　ne.

"正在"～"呢" ——「ちょうど～してるところだ」

他　正在　打　电话(呢)。　Tā zhèngzài dǎ diànhuà ne.

3 禁止を表すいい方　**"别"＋動詞** ——「～しないで」

别　生气。　Bié shēngqì.

会话
huìhuà

まず音声を聞いて空欄を埋め、さらに会話を練習しましょう。 CD166

§ 中年の夫婦が出かけようとしています。ぐずぐずしている奥さんに、旦那さんはイライラ。「私」は旦那さん役です。

我：老婆，你（　　　　　　）吗？
wǒ: Lǎopo, nǐ ma?

妻子：还没有呢。再等一下。
qīzi: Hái méiyou ne. Zài děng yíxià.

我：你（　　　　　　）呢？
wǒ: Nǐ ne?

妻子：哎呀，别着急。我（　　　　　　）呢。
qīzi: Āiya, bié zháojí. Wǒ ne.

私：おまえ、準備はできたのか？
妻：まだよ。もうちょっと待って。
私：なにやってんだ？
妻：ねえ、焦らないで。お化粧しているんだから。

生词 shēngcí

CD167

① 准备好 zhǔnbèihǎo 用意ができる
② 玩儿游戏 wánr yóuxì ゲームで遊ぶ
③ 聊天儿 liáotiānr 動 おしゃべりをする
④ 说话 shuōhuà 動 話をする
⑤ 生气 shēngqì 動 怒る
⑥ 老婆 lǎopo 名 女房、（呼びかけにけに用いる）おまえ
⑦ 还 hái 副 まだ
⑧ 再 zài 副 さらに、もっと
⑨ 哎呀 āiya 感 おやまあ
⑩ 着急 zháojí 動 焦る

练习 A
liànxí

1 **音声のあとについて発音しながら、読まれた順に（　）に番号を書きなさい。** CD168

① （　　　）聞き取れた　（　　　）食べ終えた　（　　　）書き上げた

② （　　　）食事中　（　　　）入浴中　（　　　）電話中

③ （　　　）タバコを吸うな　（　　　）焦るな　（　　　）怒るな

④ （　　　）ゲームをする　（　　　）おしゃべりをする　（　　　）温泉に入る

2 **音声を聞いて、絵の説明として適当なものをA～Cの中から1つ選び、その記号を（　　）に書きなさい。** CD169

① （　　　）　② （　　　）　③ （　　　）　④ （　　　）

⑤ （　　　）　⑥ （　　　）　⑦ （　　　）　⑧ （　　　）

3 **会話文を聞いて、問いに中国語で答え、漢字とピンインを書きなさい。** CD170

① 漢字＿＿＿＿＿＿＿＿＿＿　ピンイン＿＿＿＿＿＿＿＿＿＿

② 漢字＿＿＿＿＿＿＿＿＿＿　ピンイン＿＿＿＿＿＿＿＿＿＿

4 **次の日本語を中国語に訳し、漢字とピンインを書きなさい。**

① あなたはちゃんと準備をしましたか？

漢字＿＿＿＿＿＿＿＿＿＿　ピンイン＿＿＿＿＿＿＿＿＿＿

② 彼はちょうどお風呂に入っているところです。

漢字＿＿＿＿＿＿＿＿＿＿　ピンイン＿＿＿＿＿＿＿＿＿＿

第 18 课 Dì shíbā kè　复习 fùxí

1 音声のあとについて発音しながら、読まれた順に（　　）に番号を書きなさい。CD171

1）（　　）ソファー　（　　）公園　（　　）パン
2）（　　）牛乳　（　　）トレーニングジム　（　　）答えが合っている
3）（　　）スーパーマーケット　（　　）試合　（　　）パソコン
4）（　　）子供　（　　）駅　（　　）音楽
5）（　　）兄弟　（　　）図書館　（　　）サンドイッチ
6）（　　）サッカーをする　（　　）郵便局　（　　）帰宅する
7）（　　）左折する　（　　）地下鉄に乗る　（　　）電話をかける
8）（　　）自転車に乗る　（　　）店をぶらつく　（　　）会社員
9）（　　）机　（　　）カップ麺　（　　）映画
10）（　　）聞き取れた　（　　）朝ご飯　（　　）ジュース
11）（　　）美容院　（　　）おしゃべりをする　（　　）医者
12）（　　）タバコを吸う　（　　）授業がない　（　　）食べ終えた
13）（　　）アルバイトをする　（　　）時間　（　　）北京ダック
14）（　　）コンビニ　（　　）化粧をする　（　　）起きる
15）（　　）お手洗い　（　　）ゲームをする　（　　）怒る

2 次の日本語を中国語で言い表すとき、最も適当なものを①～③の中から選びなさい。
CD172

1）私はケーキが食べたいです。

①　　②　　③

2）ここには郵便局がありません。

①　　②　　③

3） 私は家で食事をしません。

①　②　③

4） 銀行は家の近くにありません。

①　②　③

5） 私たちは通りを渡ります。

①　②　③

6） 彼には子供が二人います。

①　②　③

7） 私は朝ご飯を食べていません。

①　②　③

8） お店をぶらつきませんか？

①　②　③

9） 私は地下鉄で学校に行きます。

①　②　③

10） 私たちの大学は駅から遠いです。

①　②　③

11） まっすぐ行って、それから右に曲がって下さい。

①　②　③

12） 私が案内しましょう。

①　②　③

13） 彼はゲームをしているところです。

①　②　③

14） ちょっと待って下さい。

①　②　③

15） 私はちゃんと準備しました。

①　②　③

3 次の問いに対する答えとして最も適当なものを①～③の中から選びなさい。 CD173

1） ① ② ③

2） ① ② ③

3） ① ② ③

4） ① ② ③

5） ① ② ③

6） ① ② ③

7） ① ② ③

8） ① ② ③

9） ① ② ③

10） ① ② ③

4 次の絵の説明として最も適当な中国語を①～③の中から選びなさい。 CD174

1）

① ② ③

2）

① ② ③

3）

① ② ③

4）

① ② ③

5）

① ② ③

6）

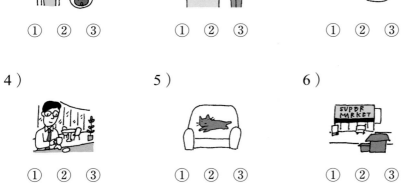

① ② ③

7） ① ② ③
8） ① ② ③
9） ① ② ③
10） ① ② ③
11） ① ② ③
12） ① ② ③
13） ① ② ③
14） ① ② ③
15） ① ② ③
16） ① ② ③
17） ① ② ③
18） ① ② ③

5 次の中国語のピンインとして正しいものを①～④の中から１つ選びなさい。

1） **车站** ① chèzān ② zhēchàn ③ cèzān ④ chēzhàn

2） **邮局** ① yóují ② yóujú ③ yóuqí ④ yóuqú

3） **教室** ① jiàoshì ② jiàoxì ③ jiàoshī ④ jiàoxī

4） **老师** ① lǎosī ② lǎoshī ③ láoshī ④ láosī

5） **时间**　① shíjiān　② shìjiāng　③ shíjiā　④ shìjiān

6） **问题**　① wèndí　② wèndì　③ wèntí　④ wèntián

7） **地铁**　① tìdiě　② dìtiě　③ tìtiě　④ dìdiě

8） **超市**　① chǎoshì　② chǎoshī　③ chāoshì　④ cháoshì

9） **准备**　① zǔnbèi　② zhǔnbiè　③ zhūnbiè　④ zhǔnbèi

10） **抽烟**　① chōuyāng　② chōuyān　③ zhōuyāng　④ zhōuyān

6　日本語の意味になるように空欄を埋めるとき、最も適当なものを①～④の中から１つ選びなさい。

1） 私は牛乳が飲みたくありません。

我 不 ＿＿＿＿＿ 喝 牛奶。
Wǒ bù hē niúnǎi.

①要 yào　②想 xiǎng　③喜欢 xǐhuan　④是 shì

2） 郵便局は学校の近くにあります。

邮局 ＿＿＿＿＿ 学校 附近。
Yóujú xuéxiào fùjìn.

①在 zài　②有 yǒu　③离 lí　④是 shì

3） 彼は朝ご飯を食べませんでした。

他 ＿＿＿＿＿ 吃 早饭。
Tā chī zǎofàn.

①不 bù　②别 bié　③没 méi　④有 yǒu

4） 我が家は駅から遠いです。

我 家 ＿＿＿＿＿ 车站 很 远。
Wǒ jiā chēzhàn hěn yuǎn.

①往 wǎng　②在 zài　③离 lí　④的 de

5） 彼は電話をかけているところです。

他 打 电话 ＿＿＿＿＿ 。
Tā dǎ diànhuà ＿＿＿＿＿ .

①在 zài ②了 le ③吗 ma ④呢 ne

7 次の日本語を中国語に訳したとき、〔 〕に入る簡体字を字体に注意して書きなさい。

1） ファストフード店 快〔 〕店

2） 郵便局がある 有〔 〕局

3） トイレに行く 上〔 〕〔 〕

4） ちょっと我慢する 〔 〕一下

5） 図書館に行く 去〔 〕〔 〕〔 〕

6） ソファーの上 〔 〕〔 〕上

7） 質問がある 有〔 〕〔 〕

8） 通りを渡る 〔 〕〔 〕路

9） 電車に乗る 坐〔 〕〔 〕

10） 泣かないで。 〔 〕〔 〕。

8 日本語の意味になるように①～④を並べ替え、空欄に漢字を書きなさい。

1） 学校にはコンビニがあります。

__________ __________ __________ __________。

①有 yǒu　②学校 xuéxiào　③便利店 biànlìdiàn　④里 li

2） 母は地下鉄で会社に行きます。

妈妈 __________ __________ __________ __________。

Māma

①地铁 dìtiě　②坐 zuò　③公司 gōngsī　④去 qù

3） 彼はコーラを１杯飲みました。

他 __________ __________ __________ __________。

Tā

①喝 hē　②可乐 kělè　③一 杯 yì bēi　④了 le

4） 銀行はここから近いです。

__________ __________ __________ __________。

①离 lí　②银行 yínháng　③这儿 zhèr　④很 近 hěn jìn

5） あの本はかばんの中にありません。

__________ __________ __________ __________。

①书包里 shūbāoli　②那 本 书 nèi běn shū　③在 zài　④不 bú

6） あなたはどうやって図書館に行きますか？

__________ __________ __________ __________?

①怎么 zěnme　②图书馆 túshūguǎn　③去 qù　④你 nǐ

7） 彼は野球をしているところです。

__________ __________ __________ __________。

①呢 ne ②打 dǎ ③他 tā ④棒球 bàngqiú

8） あなたはちゃんと準備しましたか？

__________ __________ __________ __________吗?

①准备 zhǔnbèi ②你 nǐ ③好 hǎo ④了 le

9） 彼は携帯電話を買いました。

__________ __________ __________ __________。

①买 mǎi ②他 tā ③了 le ④手机 shǒujī

10） 私もたった今知ったところです。

__________ __________ __________ __________。

①刚 gāng ②知道 zhīdao ③我 wǒ ④也 yě

第 19 课
Dì shíjiǔ kè

看图说话 kàntú shuōhuà

1 「～をしたことがあります」の文型を練習しましょう。 CD175

我 学过 汉语。 ⇔ 我 没有 学过 汉语。
Wǒ xuéguo Hànyǔ. ⇔ Wǒ méiyou xuéguo Hànyǔ.

谈过 恋爱 ⇔ 谈过 恋爱
tánguo liàn'ài ⇔ tánguo liàn'ài

听过 这个 歌儿 ⇔ 听过 这个 歌儿
tīngguo zhèige gēr ⇔ tīngguo zhèige gēr

看过 这个 电影 ⇔ 看过 这个 电影
kànguo zhèige diànyǐng ⇔ kànguo zhèige diànyǐng

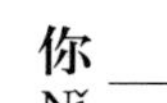

你 ＿＿＿＿ 过 ＿＿＿＿ 吗？
Nǐ ＿＿＿＿ guo ＿＿＿＿ ma

2 絵を見てスイーツの名前を覚えましょう。 CD176

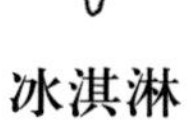

冰淇淋
bīngqílín

布丁
bùdīng

苹果派
píngguǒpài

珍珠奶茶
zhēnzhūnǎichá

语法说明 yǔfǎ shuōmíng

1 経験を表すいい方 動詞＋"过" ——「～したことがある」 CD179

【肯定】我 吃过 北京 烤鸭。
Wǒ chīguo Běijīng kǎoyā.

【否定】我 没（有） 吃过 北京 烤鸭。
Wǒ méi(you) chīguo Běijīng kǎoyā.

【疑問】你 吃过 北京 烤鸭 吗？ 吃过。／没（有） 吃过。
Nǐ chīguo Běijīng kǎoyā ma? Chīguo. Méi(you) chīguo.

3 「誰がした＋名詞」というフレーズを練習しましょう。 CD177

我 画 的 漫画
wǒ huà de mànhuà

我 包 的 饺子
wǒ bāo de jiǎozi

我 参加 的 比赛
wǒ cānjiā de bǐsài

我 喜欢 的 歌手
wǒ xǐhuan de gēshǒu

4 友人に手作りのプレゼントを渡すときの会話を練習しましょう。 CD178

A：给， 这 是 我 送 你 的 礼物。
Gěi, zhè shì wǒ sòng nǐ de lǐwù.

B：你 做 的 吗？ 好 感动 啊！
Nǐ zuò de ma? Hǎo gǎndòng a!

超感動！

---

2 名詞を修飾するいい方 A＋"的"＋B

我 的 珍珠奶茶 [名詞＋"的"＋名詞]
wǒ de zhēnzhūnǎichá

漂亮 的 T恤衫 [形容詞＋"的"＋名詞]
piàoliang de T xùshān

他 唱 的 歌儿 [動詞フレーズ＋"的"＋名詞]
tā chàng de gēr

3 文末の語気助詞 ～"吧"——③推量「～でしょう？」

这 是 你 妈妈 做 的 便当 吧？
Zhè shì nǐ māma zuò de biàndāng ba?

——不 是。 这 是 我 做 的 便当！
Bú shì. Zhè shì wǒ zuò de biàndāng!

会话
huìhuà

まず音声を聞いて空欄を埋め、さらに会話を練習しましょう。 CD180

§ 老人ホームでおじいさんとおばあさんがテレビを見ています。「私」はおばあさん役です。

爷爷：（テレビの女性を指差して）这　是（　　　　　　　　　　　　）。
yéye: Zhè shì

我：哦，（　　　　　　　）啊？　我　也　知道。
wǒ: Ò, a? Wǒ yě zhīdao.

（　　　　　）年　以前　吧？　她　的　歌儿　流行过。
nián yǐqián ba? Tā de gēr liúxíngguo.

爷爷：那　时候，真　年轻　啊！
yéye: Nèi shíhou, zhēn niánqīng a!

おじいさん：これは俺が好きな歌手だ。
私：ああ、この人？私も知ってる。
五十年前よね？彼女の歌はヒットしたわね。
おじいさん：あのころは、本当に若かったなあ！

生词 shēngcí

CD181

① 歌儿	gēr	名	歌
② 包饺子	bāo jiǎozi		餃子を作る
③ 参加	cānjiā	動	参加する
④ 歌手	gēshǒu	名	歌手
⑤ 给	gěi	動	あげる
⑥ 送	sòng	動	贈る
⑦ 礼物	lǐwù	名	プレゼント
⑧ 漂亮	piàoliang	形	美しい
⑨ 唱	chàng	動	歌う
⑩ 爷爷	yéye	名	おじいさん
⑪ 以前	yǐqián	名	以前
⑫ 流行	liúxíng	動	流行する
⑬ 那时候	nèi shíhou		あのころ
⑭ 年轻	niánqīng	形	若い

练习 A
liànxí

1 **音声のあとについて発音しながら、読まれた順に（　）に番号を書きなさい。** CD182

①（　　）中国語（　　）映画（　　）恋愛

②（　　）アイスクリーム（　　）プリン（　　）タピオカミルク

③（　　）私が作った餃子（　　）彼が書いた漫画（　　）私が好きな歌手

④（　　）行ったことがある（　　）食べたことがある（　　）見たことがある

2 **音声を聞いて、絵の説明として適当なものをA～Cの中から1つ選び、その記号を（　）に書きなさい。** CD183

①（　　）②（　　）③（　　）④（　　）

⑤（　　）⑥（　　）⑦（　　）⑧（　　）

3 **会話文を聞いて、問いに中国語で答え、漢字とピンインを書きなさい。** CD184

① 漢字＿＿＿＿＿＿＿＿ ピンイン＿＿＿＿＿＿＿＿

② 漢字＿＿＿＿＿＿＿＿ ピンイン＿＿＿＿＿＿＿＿

4 **次の日本語を中国語に訳し、漢字とピンインを書きなさい。**

① 彼女は私の好きな先生です。

漢字＿＿＿＿＿＿＿＿ ピンイン＿＿＿＿＿＿＿＿

② 私は中国語を学んだことがあります。

漢字＿＿＿＿＿＿＿＿ ピンイン＿＿＿＿＿＿＿＿

第 20 课
Dì èrshí kè

看图说话 kàntú shuōhuà

◇1 **「少しの～」と「少し～」のいい方を調味料と味で練習しましょう。** CD185

一点儿＋名词　　有点儿＋形容词

一点儿 盐 yìdiǎnr yán

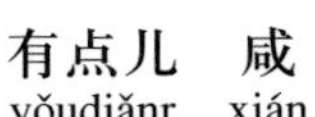
有点儿 咸 yǒudiǎnr xián

一点儿 酱油 yìdiǎnr jiàngyóu

一点儿 糖 yìdiǎnr táng　　有点儿 甜 yǒudiǎnr tián

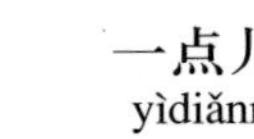

一点儿 醋 yìdiǎnr cù　　有点儿 酸 yǒudiǎnr suān

一点儿 辣油 yìdiǎnr làyóu　　有点儿 辣 yǒudiǎnr là

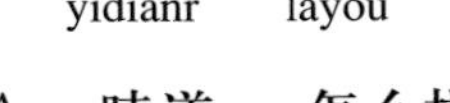
A：味道 怎么样？ Wèidao zěnmeyàng?

B：正好。 Zhènghǎo. （ちょうどいい。）

语法说明 yǔfǎ shuōmíng

「少し～」(1)　"一点儿" CD187

1) **"一点儿"+(名詞)** ――「少し(の～)」

我 喝了 一点儿 饮料。／ 我 喝了 一点儿。
Wǒ hēle yìdiǎnr yǐnliào. / Wǒ hēle yìdiǎnr.

2) **A +"比"+ B +形容詞+"一点儿"** ――「AはBより少し～だ」

＊ AとBを客観的に比べ、その差が「少し」であることを表す。

今天 比 昨天 冷 一点儿。
Jīntiān bǐ zuótiān lěng yìdiǎnr.

2 「～ができる」の文型を練習しましょう。 CD186

我 会 开车。 ⇔ 我 不 会 开车。
Wǒ huì kāichē. Wǒ bú huì kāichē.

游泳 ⇔ 游泳
yóuyǒng yóuyǒng

做 菜 ⇔ 做 菜
zuò cài zuò cài

踢 足球 ⇔ 踢 足球
tī zúqiú tī zúqiú

打 棒球 ⇔ 打 棒球
dǎ bàngqiú dǎ bàngqiú

说 英语 ⇔ 说 英语
shuō Yīngyǔ shuō Yīngyǔ

说 汉语 ⇔ 说 汉语
shuō Hànyǔ shuō Hànyǔ

你 会 ＿＿＿＿＿＿ 吗?
Nǐ huì ma?

2 「少し～」(2) "有点儿"

A＋"有点儿"＋形容詞 ——「A は少し～だ」

＊ A が自分の期待値より「少し」劣ることを表し、マイナスの語感になる。

今天 有点儿 热。 爸爸 有点儿 瘦。
Jīntiān yǒudiǎnr rè. Bàba yǒudiǎnr shòu.

cf. 今天 比 昨天 热 一点儿。 爸爸 比 妈妈 瘦 一点儿。
Jīntiān bǐ zuótiān rè yìdiǎnr. Bàba bǐ māma shòu yìdiǎnr.

3 助動詞"会" **"会"＋動詞** ——「～できる」

我 会 说 日语。／我 不 会 说 日语。
Wǒ huì shuō Rìyǔ. Wǒ bú huì shuō Rìyǔ.

＊ "会"は「技能があってできる」ことを表す。

会话
huìhuà

まず音声を聞いて空欄を埋め、さらに会話を練習しましょう。 CD188

§ 今日はガールフレンドが家に遊びに来る日。「私」はかなり気合が入っています。

女朋友：(私の手料理を見て) 你 (　　　　　)！ 太 厉害 了！
nǚpéngyou: Nǐ 　　　　　! Tài lìhai le!

我：你 尝尝， 味道 怎么样？
wǒ: Nǐ chángchang, wèidao zěnmeyàng?

女朋友：嗯，(　　　　　)。不过，(　　　　　)。
nǚpéngyou: Ǹg, 　　　　　. Búguò, 　　　　　.

我：(　　　　　)，我 放了 一点儿 辣椒。
wǒ: 　　　　　, wǒ fàngle yìdiǎnr làjiāo.

彼女：あなた、料理ができるんだ！すごいわね！
私：食べてみて。味はどう？
彼女：うん、ちょっと辛い。でも、おいしいわ。
私：そうなんだ。少し唐辛子を入れたからね。

生词 shēngcí
CD189

① 一点儿	yìdiǎnr	名	少し
② 有点儿	yǒudiǎnr	副	少し
③ 怎么样	zěnmeyàng	疑	(状態を尋ねる) いかがですか
④ 会	huì	助動	～できる
⑤ 说	shuō	動	話す
⑥ 英语	Yīngyǔ	名	英語
⑦ 开车	kāichē	動	車を運転する
⑧ 日语	Rìyǔ	名	日本語
⑨ 女朋友	nǚpéngyou	名	ガールフレンド
⑩ 太～了	tài le		とても～だ
⑪ 厉害	lìhai	形	すごい
⑫ 味道	wèidao	名	味
⑬ 辣	là	形	辛い
⑭ 放	fàng	動	入れる
⑮ 辣椒	làjiāo	名	唐辛子

练习 A
liànxí

1 **音声のあとについて発音しながら、読まれた順に（　）に番号を書きなさい。** CD190

① （　　　）試験（　　　）車を運転する（　　　）嬉しい

② （　　　）すっぱい（　　　）辛い（　　　）甘い

③ （　　　）英語を話す（　　　）サッカーをする（　　　）トイレに行く

④ （　　　）少し暑い（　　　）少し塩辛い（　　　）少し寒い

2 **音声を聞いて、絵の説明として適当なものをA～Cの中から1つ選び、その記号を（　　）に書きなさい。** CD191

① （　　　）　② （　　　）　③ （　　　）　④ （　　　）

⑤ （　　　）　⑥ （　　　）　⑦ （　　　）　⑧ （　　　）

3 **会話文を聞いて、問いに中国語で答え、漢字とピンインを書きなさい。** CD192

① 漢字＿＿＿＿＿＿＿＿＿＿ ピンイン＿＿＿＿＿＿＿＿＿＿

② 漢字＿＿＿＿＿＿＿＿＿＿ ピンイン＿＿＿＿＿＿＿＿＿＿

4 **次の日本語を中国語に訳し、漢字とピンインを書きなさい。**

① 私の父は料理が作れます。

漢字＿＿＿＿＿＿＿＿＿＿ ピンイン＿＿＿＿＿＿＿＿＿＿

② 今日は昨日より少し寒いです。

漢字＿＿＿＿＿＿＿＿＿＿ ピンイン＿＿＿＿＿＿＿＿＿＿

第 21 课
Dì èrshiyī kè

看图说话 kàntú shuōhuà

1 絵を見ながら方向性を持つ動詞を覚えましょう。 CD193

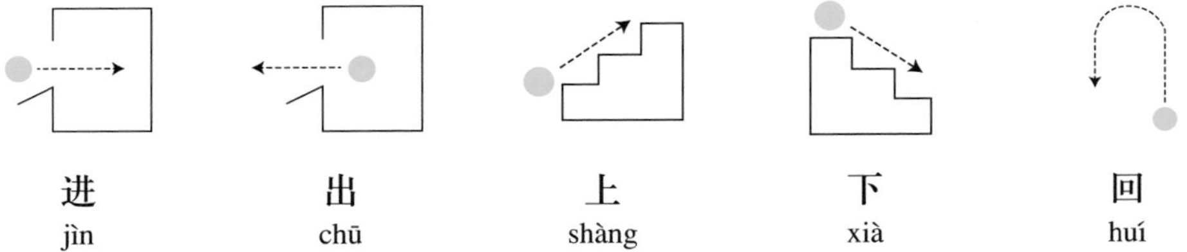

进	出	上	下	回
jìn	chū	shàng	xià	huí

2 上の動詞の後に"来"/"去"をつけて、「～してくる」「～していく」というフレーズを含む文型を練習しましょう。 CD194

他　进来　了。
Tā　jìnlai　le.

他　出去　了。
Tā　chūqu　le.

电梯　上来　了。
Diàntī　shànglai　le.

电梯　下去　了。
Diàntī　xiàqu　le.

爸爸　回来　了。
Bàba　huílai　le.

语法说明 yǔfǎ shuōmíng

1 方向補語 CD197

＊動作の方向を表す。

動詞＋"来" ——「～してくる」

他　进来　了。　Tā jìnlai le.

動詞＋"去" ——「～していく」

他们　都　回去　了。　Tāmen dōu huíqu le.

＊ただし，場所目的語は動詞と方向補語の間に置く。

他　明天　回　日本　来。　Tā míngtiān huí Rìběn lai.

3 「ちょっと～させて」の文型を練習しましょう。 CD195

让 我 听 一下。
Ràng wǒ tīng yíxià.

让 我 看 一下。 —— 好 啊。／不行。
Ràng wǒ kàn yíxià. Hǎo a. Bùxíng.

让 我 尝 一下。
Ràng wǒ cháng yíxià.

让 我 用 一下。
Ràng wǒ yòng yíxià.

4 「お手洗いを借りる会話」を練習しましょう。 CD196

A：让 我 用 一下 洗手间 吧。
Ràng wǒ yòng yíxià xǐshǒujiān ba.

B：好 啊。 在 那边儿。
Hǎo a. Zài nèibianr.

2 使役を表すいい方 A＋"让"／"叫"＋B＋動詞 ——「AはBに～させる」「AはBに～するように言う」

爸爸 让／叫 我 去 中国。 Bàba ràng / jiào wǒ qù Zhōngguó.

姐姐 让／叫 我 去 买 东西。 Jiějie ràng / jiào wǒ qù mǎi dōngxi.

＊否定の"不"は"让／叫"の前に置く。

妈妈 不 让／叫 我 打工。 Māma bú ràng / jiào wǒ dǎgōng.

会话
huìhuà

まず音声を聞いて空欄を埋め、さらに会話を練習しましょう。 CD198

§「私」は新入社員の鈴木君。たった今、外出先から会社に戻ったところです。

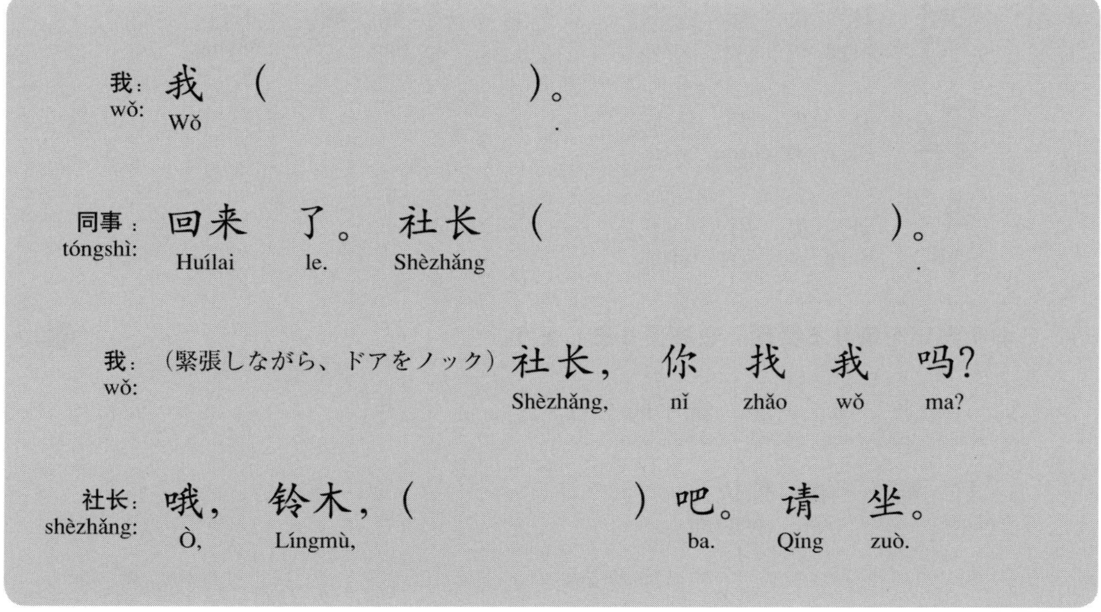

我：我（　　　　　　　　）。
wǒ: Wǒ　　　　　　　　.

同事：回来了。社长（　　　　　　　　）。
tóngshì: Huílai le. Shèzhǎng　　　　　　　　.

我：（緊張しながら、ドアをノック）社长，你找我吗？
wǒ: Shèzhǎng, nǐ zhǎo wǒ ma?

社长：哦，铃木，（　　　　　　）吧。请坐。
shèzhǎng: Ò, Língmù,　　　　　　ba. Qǐng zuò.

私：ただいま戻りました。
同僚：おかえりなさい。社長が君にちょっと来てくれって。
私：社長、お呼びですか？
社長：おー、鈴木君、入って。かけて下さい。

生词 shēngcí

CD199

① 进来　jìnlai　入ってくる
② 出去　chūqu　出ていく
③ 上来　shànglai　上がってくる
④ 下去　xiàqu　下がっていく
⑤ 回来　huílai　帰ってくる
⑥ 电梯　diàntī　名 エレベーター
⑦ 让　ràng　動 ～させる
⑧ 叫　jiào　動 ～させる
⑨ 用　yòng　動 使う
⑩ 借来　jièlai　借りてくる
⑪ 都　dōu　副 みな
⑫ 社长　shèzhǎng　名 社長
⑬ 找　zhǎo　動 探す
⑭ 哦　ò　助（返答を表す）おお
⑮ 坐　zuò　動 座る

1 **音声のあとについて発音しながら、読まれた順に（　）に番号を書きなさい。** CD200

①（　　）入ってくる（　　）出ていく（　　）帰ってくる

②（　　）ちょっと聞く（　　）ちょっと見る（　　）ちょっと使う

③（　　）映画（　　）エレベーター（　　）電話

④（　　）買い物をする（　　）アルバイトをする（　　）中国に行く

2 **音声を聞いて、絵の説明として適当なものをA～Cの中から1つ選び、その記号を（　）に書きなさい。** CD201

①（　　）　②（　　）　③（　　）　④（　　）

⑤（　　）　⑥（　　）　⑦（　　）　⑧（　　）

3 **会話文を聞いて、問いに中国語で答え、漢字とピンインを書きなさい。** CD202

① 漢字＿＿＿＿＿＿＿＿　ピンイン＿＿＿＿＿＿＿＿

② 漢字＿＿＿＿＿＿＿＿　ピンイン＿＿＿＿＿＿＿＿

4 **次の日本語を中国語に訳し、漢字とピンインを書きなさい。**

① ちょっとお手洗いを貸してください。

漢字＿＿＿＿＿＿＿＿　ピンイン＿＿＿＿＿＿＿＿

② エレベーターが上ってきました。

漢字＿＿＿＿＿＿＿＿　ピンイン＿＿＿＿＿＿＿＿

第 22 课
Dì èrshi'èr kè

看图说话 kàntú shuōhuà

1 「～をするのが上手だ」の文型を練習しましょう。  CD 203

他 （说） 英语 说得 很 好。 ⇔ 他 （说） 英语 说得 不 好。
Tā (shuō) Yīngyǔ shuōde hěn hǎo. Tā (shuō) Yīngyǔ shuōde bù hǎo.

他 （打） 棒球 打得 ⇔ 他 （打） 棒球 打得
Tā (dǎ) bàngqiú dǎde Tā (dǎ) bàngqiú dǎde

他 （弹） 钢琴 弹得 ⇔ 他 （弹） 钢琴 弹得
Tā (tán) gāngqín tánde Tā (tán) gāngqín tánde

他 （打） 麻将 打得 ⇔ 他 （打） 麻将 打得
Tā (dǎ) májiàng dǎde Tā (dǎ) májiàng dǎde

他 ＿＿＿＿＿ 得 怎么样？
Tā de zěnmeyàng?

2 絵を見ながら「動詞＋"得"＋形容詞」のフレーズを練習しましょう。 CD 204

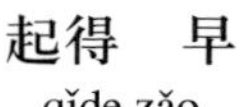

起得 早
qǐde zǎo

睡得 晚
shuìde wǎn

回来得 早
huílaide zǎo

回来得 晚
huílaide wǎn

语法说明 yǔfǎ shuōmíng

1 様態補語 **動詞＋"得"＋形容詞** CD 207

＊動詞、行為の様子や状態を表す。

他 唱得 很 好。 Tā chàngde hěn hǎo.

唱・得・好 「歌う」＋「その状態が・上手である」⇒歌がうまい

＊動詞に目的語が付いている場合は、動詞を繰り返す。また、1つめの動詞は省略できる。

（動詞）＋目的語＋動詞＋"得"＋形容詞

他 （唱） 歌儿 唱得 很 好。 Tā (chàng) gēr chàngde hěn hǎo.

3 「なぜ～？」の文型を練習しましょう。 CD205

你　怎么　不　吃　蔬菜？ ⇒ 我　不　喜欢　吃。
Nǐ zěnme bù chī shūcài? Wǒ bù xǐhuan chī.

你　怎么　不　去　学校？ ⇒ 今天　没有　课。
Nǐ zěnme bú qù xuéxiào? Jīntiān méiyǒu kè.

4 「中国語がじょうずだね」と褒める会話を二人で練習しましょう。 CD206

A：你　汉语　说得　真　好！
Nǐ Hànyǔ shuōde zhēn hǎo!

B：马马虎虎　吧。
Mǎmahūhū ba.

（普通だよ。）

2 疑問詞 “怎么”——②理由「なぜ～するのか？」

你　怎么　不　去　食堂　吃饭？——今天　我　有　便当。
Nǐ zěnme bú qù shítáng chīfàn? Jīntiān wǒ yǒu biàndāng.

（今日は弁当があるからね。）

3 指示代名詞（3）

こんなに	这么 zhème	あんなに	那么 nàme

考试　这么　难　啊！
Kǎoshì zhème nán a!

会话
huìhuà

まず音声を聞いて空欄を埋め、さらに会話を練習しましょう。  208

§ 夜中に帰宅した大学生の娘。父親の「私」は心配でたまりません。

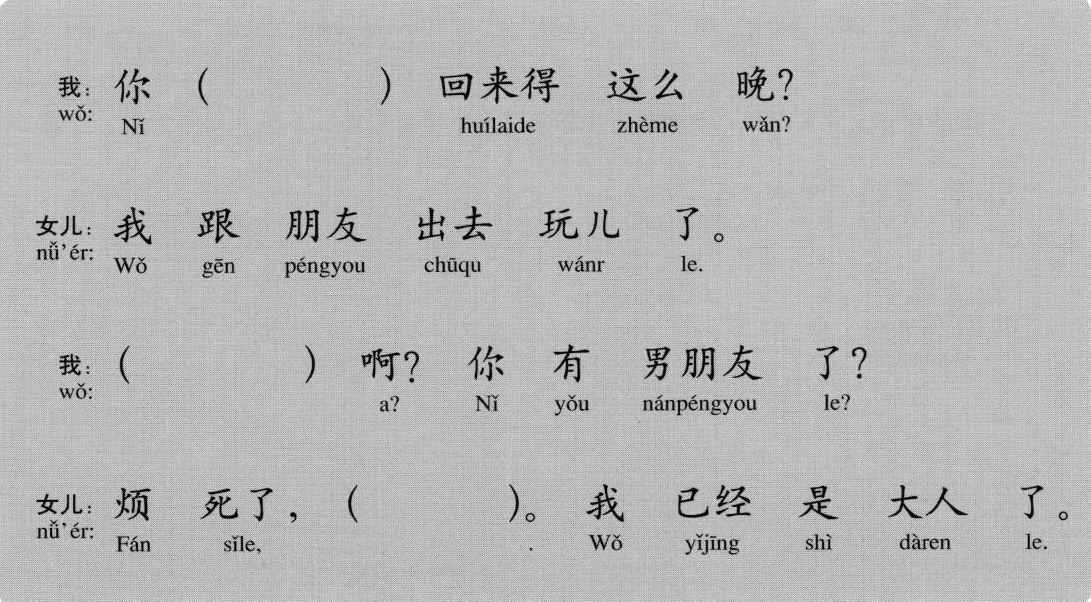

我：你（　　　　）回来得 这么 晚？
wǒ: Nǐ　　　　huílaide zhème wǎn?

女儿：我 跟 朋友 出去 玩儿 了。
nǚ'ér: Wǒ gēn péngyou chūqu wánr le.

我：（　　　　）啊？你 有 男朋友 了？
wǒ: 　　　　a? Nǐ yǒu nánpéngyou le?

女儿：烦 死了，（　　　　）。我 已经 是 大人 了。
nǚ'ér: Fán sǐle, 　　　　. Wǒ yǐjīng shì dàren le.

私：どうして帰りがこんなに遅くなったんだ？
娘：友達と遊びに行ったの。
私：誰と？お前、彼氏ができたの？
娘：うざいよ、お父さん。私はもう大人だよ。

生词 shēngcí

CD 209

① 打麻将	dǎ májiàng	マージャンをする		⑦ 女儿	nǚ'ér	名 娘
② 起	qǐ	動 起きる		⑧ 跟	gēn	前 ～と
③ 早	zǎo	形 早い⇔晚 wǎn		⑨ 出去	chūqu	出かける
④ 睡	shuì	動 寝る		⑩ 男朋友	nánpéngyou	名 ボーイフレンド
⑤ 怎么	zěnme	疑 なぜ		⑪ 烦死了	fán sǐle	うっとうしい
⑥ 真	zhēn	副 本当に		⑫ 大人	dàren	名 大人

1 音声のあとについて発音しながら、読まれた順に（ ）に番号を書きなさい。 CD210

① （　　）電話をかける　（　　）マージャンをする　（　　）野球をする

② （　　）味　（　　）どうして　（　　）質問

③ （　　）中国語　（　　）英語　（　　）一月

④ （　　）起きるのが早い　（　　）寝るのが遅い　（　　）帰ってくるのが早い

2 音声を聞いて、絵の説明として適当なものをA～Cの中から１つ選び、その記号を（　　）に書きなさい。 CD211

① （　　）　② （　　）　③ （　　）　④ （　　）

⑤ （　　）　⑥ （　　）　⑦ （　　）　⑧ （　　）

3 会話文を聞いて、問いに中国語で答え、漢字とピンインを書きなさい。 CD212

① 漢字＿＿＿＿＿＿＿＿　ピンイン＿＿＿＿＿＿＿＿

② 漢字＿＿＿＿＿＿＿＿　ピンイン＿＿＿＿＿＿＿＿

4 次の日本語を中国語に訳し、漢字とピンインを書きなさい。

① 私の兄は野球をするのが上手です。

漢字＿＿＿＿＿＿＿＿　ピンイン＿＿＿＿＿＿＿＿

② あなたはどうして学校に行かないのですか？

漢字＿＿＿＿＿＿＿＿　ピンイン＿＿＿＿＿＿＿＿

第 23 课
Dì èrshisān kè

看图说话 kàntú shuōhuà

◇1 「～ができる」の文型を練習しましょう。 CD213

我 能 休息。 ⇔ 我 不 能 休息。
Wǒ néng xiūxi. ⇔ Wǒ bù néng xiūxi.

加班 ⇔ 加班
jiābān ⇔ jiābān

参加 ⇔ 参加
cānjiā ⇔ cānjiā

回答 ⇔ 回答
huídá ⇔ huídá

你 能 ＿＿＿＿＿＿ 吗？
Nǐ néng ＿＿＿＿＿＿ ma?

语法说明 yǔfǎ shuōmíng

◆1 助動詞"能" **"能"＋動詞** ——「～できる」 CD216

周末 我 不 打工， 能 跟 你们 一起 玩儿。
Zhōumò wǒ bù dǎgōng, néng gēn nǐmen yìqǐ wánr.

＊ "能"は「条件を満たしているのでできる」ことを表す。

◆2 **"打算"＋動詞** ——「～するつもりだ」

我 打算 去 中国 留学。
Wǒ dǎsuan qù Zhōngguó liúxué.

2 「どれぐらいの時間〜する」の文型を練習しましょう。 CD214

春假　休息　十五　天。
Chūnjià　xiūxi　shíwǔ　tiān.

寒假　休息　一　个　月。
Hánjià　xiūxi　yí　ge　yuè.

暑假　休息　两　个　月。
Shǔjià　xiūxi　liǎng　ge　yuè.

3 「〜するつもりだ」の文型を練習しましょう。 CD215

我　打算　当　老师。
Wǒ　dǎsuan　dāng　lǎoshī.

我　打算　当　空姐。
Wǒ　dǎsuan　dāng　kōngjiě.

我　打算　当　公务员。
Wǒ　dǎsuan　dāng　gōngwùyuán.

我　打算　当　公司　职员。
Wǒ　dǎsuan　dāng　gōngsī　zhíyuán.

まだ決まってないよ。

你　将来　打算　干　什么？——我　还　没　决定。
Nǐ　jiānglái　dǎsuan　gàn　shénme?　Wǒ　hái　méi　juédìng.

3 時量補語　**動詞＋時間量**　――「(どれぐらいの時間) 〜する」

我　学了　两　年。
Wǒ　xuéle　liǎng　nián.

[〜日間]	一　天 yì　tiān	两　天…… liǎng　tiān	几　天 jǐ　tiān
[〜週間]	一　个　星期 yí　ge　xīngqī	两　个　星期…… liǎng　ge　xīngqī	几　个　星期 jǐ　ge　xīngqī
[〜か月]	一　个　月 yí　ge　yuè	两　个　月…… liǎng　ge　yuè	几　个　月 jǐ　ge　yuè
[〜年間]	一　年 yì　nián	两　年…… liǎng　nián	几　年 jǐ　nián

会话
huìhuà

まず音声を聞いて空欄を埋め、さらに会話を練習しましょう。 CD217

§ 楽しみなゴールデンウィークももうすぐ。「私」と同僚との会話です。

同事：黄金周　你　能　（　　　　　　　　）？
tóngshì: Huángjīnzhōu nǐ néng ?

我：大概　（　　　　　　　　）　吧。
wǒ: Dàgài ba.

同事：你　打算　去　哪儿？
tóngshì: Nǐ dǎsuan qù nǎr?

我：（　　　　　　　　）。
wǒ: .

同僚：ゴールデンウイークは何日休める？
私：たぶん一週間かな。
同僚：どこに行くつもり？
私：まだ決まってないよ。

生词 shēngcí

CD218

① 能	néng	助動	～できる
② 春假	chūnjià	名	春休み
③ 寒假	hánjià	名	冬休み
④ 暑假	shǔjià	名	夏休み
⑤ 打算	dǎsuan	動	～するつもりである
⑥ 决定	juédìng	動	決める
⑦ 一起	yìqǐ	副	一緒に
⑧ 将来	jiānglái	名	将来
⑨ 天	tiān	量	～日間
⑩ 黄金周	huángjīnzhōu	名	ゴールデンウィーク
⑪ 大概	dàgài	副	たぶん

1 音声のあとについて発音しながら、読まれた順に（　）に番号を書きなさい。 CD219

①（　　）休む（　　）残業する（　　）参加する

②（　　）２日間（　　）２週間（　　）２か月

③（　　）春休み（　　）夏休み（　　）冬休み

④（　　）先生（　　）公務員（　　）会社員

2 音声を聞いて、絵の説明として適当なものをＡ～Ｃの中から１つ選び、その記号を（　）に書きなさい。 CD220

①（　　）　②（　　）　③（　　）　④（　　）

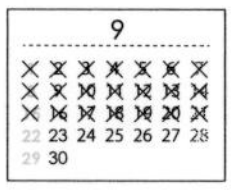

⑤（　　）　⑥（　　）　⑦（　　）　⑧（　　）

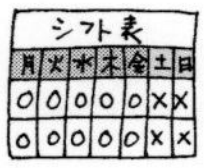

3 会話文を聞いて、問いに中国語で答え、漢字とピンインを書きなさい。 CD221

① 漢字＿＿＿＿＿＿＿＿　ピンイン＿＿＿＿＿＿＿＿

② 漢字＿＿＿＿＿＿＿＿　ピンイン＿＿＿＿＿＿＿＿

4 次の日本語を中国語に訳し、漢字とピンインを書きなさい。

① 私は今日車の運転ができません。

漢字＿＿＿＿＿＿＿＿　ピンイン＿＿＿＿＿＿＿＿

② 私の妹はキャビンアテンダントになるつもりです。

漢字＿＿＿＿＿＿＿＿　ピンイン＿＿＿＿＿＿＿＿

第 24 课 Dì èrshisì kè 复习 fùxí

1 音声のあとについて発音しながら、読まれた順に（　）に番号を書きなさい。CD222

1）（　　）安い　（　　）美しい　（　　）りんご

2）（　　）牛乳　（　　）若い　（　　）目

3）（　　）緑色　（　　）留学する　（　　）プレゼント

4）（　　）飲み物　（　　）泳ぐ　（　　）音楽

5）（　　）運転する　（　　）女性キャビンアテンダント　（　　）紅茶

6）（　　）醤油　（　　）財布　（　　）ダイエットする

7）（　　）自転車　（　　）エレベーター　（　　）地下鉄

8）（　　）入ってくる　（　　）帰ってくる　（　　）借りてくる

9）（　　）買い物をする　（　　）アルバイトをする　（　　）授業を受ける

10）（　　）なぜ　（　　）どこ　（　　）誰

11）（　　）ピアノを弾く　（　　）野球をする　（　　）マージャンをする

12）（　　）可愛い　（　　）かっこいい　（　　）嬉しい

13）（　　）交通　（　　）残業をする　（　　）起きる

14）（　　）夏休み　（　　）携帯電話　（　　）かばん

15）（　　）ケーキ　（　　）たぶん　（　　）掃除をする

2 次の日本語を中国語で言い表すとき、最も適当なものを①～③の中から選びなさい。

CD223

1）可愛いパンダ

①　　②　　③

2）彼が描いた漫画

①　　②　　③

3）　週末は２日間休みます。

①　②　③

4）　父は起きるのが早いです。

①　②　③

5）　エレベーターが下りてきました。

①　②　③

6）　今日は少し暑いです。

①　②　③

7）　私はアメリカに行ったことがありません。

①　②　③

8）　私にちょっと見せて下さい。

①　②　③

9）　あなたは今日なぜ学校に行かないのですか？

①　②　③

10）　私は医者になるつもりです。

①　②　③

11）　私は車の運転ができます。

①　②　③

12）　彼はあなたのお兄さんでしょう？

①　②　③

13）　母は私に買い物に行くよう言いました。

①　②　③

14）　彼は中国語を話すのが本当に上手です。

①　②　③

15）　私は今日残業をすることができません。

①　②　③

3 次の問いに対する答えとして最も適当なものを①～③の中から選びなさい。 CD224

1）① ② ③

2）① ② ③

3）① ② ③

4）① ② ③

5）① ② ③

6）① ② ③

7）① ② ③

8）① ② ③

9）① ② ③

10）① ② ③

4 次の絵の説明として最も適当な中国語を①～③の中から選びなさい。 CD225

1）

① ② ③

2）

① ② ③

3）

① ② ③

4）

① ② ③

5）

① ② ③

6）

① ② ③

5 次の中国語のピンインとして正しいものを①～④の中から１つ選びなさい。

1） **参加** ① sānchā ② zānjiā ③ cānjiā ④ sēnjiā

2） **漂亮** ① piàoliáng ② piàoliāng ③ piàoliǎng ④ piàoliang

3） **英语** ① Yānyǔ ② Yīngyǔ ③ Yànyǔ ④ Yìngyǔ

4） **味道** ① wèidao ② wèidou ③ wèidu ④ wèidun

5） **电梯**　① diàndí　② diàntí　③ diàntī　④ diàndī

6） **已经**　① yǐjīng　② yǎnjing　③ yǐqīn　④ yǐqián

7） **加班**　① qiābān　② jiābān　③ qiǎbān　④ jiǎbān

8） **暑假**　① sūjià　② shūjià　③ shǔjià　④ sǐjià

9） **老师**　① lǎosī　② lǎosū　③ lǎoshī　④ lǎoxī

10） **决定**　① juédìng　② quēdìng　③ juēdìng　④ quédìng

6　日本語の意味になるように空欄を埋めるとき、最も適当なものを①～④の中から１つ選びなさい。

1） 私はこの歌を聞いたことがあります。

我　听 ＿＿＿＿＿ 这个　歌儿。
Wǒ　tīng　＿＿＿＿＿　zhèige　gēr.

①了 le　②的 de　③过 guo　④在 zài

2） 私は料理ができません。

我　不 ＿＿＿＿＿ 做　菜。
Wǒ　bú　＿＿＿＿＿　zuò　cài.

①会 huì　②是 shì　③好 hǎo　④让 ràng

3） 母は私に部屋の掃除をするよう言った。

妈妈 ＿＿＿＿＿ 我　打扫　房间。
Māma　＿＿＿＿＿　wǒ　dǎsǎo　fángjiān.

①给 gěi　②跟 gēn　③说 shuō　④叫 jiào

4） 私は今日忙しいので、試合に参加できません。

我　今天　很　忙，　不 ＿＿＿＿＿ 参加　比赛。
Wǒ　jīntiān　hěn　máng,　bù　＿＿＿＿＿　cānjiā　bǐsài.

①能 néng　②想 xiǎng　③会 huì　④打算 dǎsuan

5） あなたはなぜ出勤しないのですか？

你 ＿＿＿＿＿ 不 上班?
Nǐ bú shàngbān?

①什么 shénme ②哪儿 nǎr ③怎么 zěnme ④哪个 něige

7 次の日本語を中国語に訳したとき、〔 〕に入る簡体字を字体に注意して書きなさい。

1） 恋愛をする 〔 〕恋〔 〕

2） 美しい 〔 〕〔 〕

3） 若い 年〔 〕

4） マージャンをする 打 麻〔 〕

5） 少し塩を入れる 放 一点儿〔 〕

6） 彼は痩せている。 他 很〔 〕。

7） エレベーターが下りてきた。 〔 〕〔 〕下来 了。

8） 彼はかっこいいです。 他 很〔 〕。

9） あなたはなぜ知っているのですか？ 你〔 〕〔 〕〔 〕知道？

10） まだ決まっていません。 〔 〕没〔 〕定。

8 日本語の意味になるように①～④を並べ替え、空欄に漢字を書きなさい。

1） これは私が書いた漫画です。

这 是 ＿＿＿＿＿ ＿＿＿＿＿ ＿＿＿＿＿ ＿＿＿＿＿。

Zhè shì

①漫画 mànhuà　②的 de　③我 wǒ　④画 huà

2） 私は中国に行ったことがありません。

我 ＿＿＿＿＿ ＿＿＿＿＿ ＿＿＿＿＿ ＿＿＿＿＿。

Wǒ

①中国 Zhōngguó　②去 qù　③没有 méiyou　④过 guo

3） この料理は少し塩辛いです。

＿＿＿＿＿ ＿＿＿＿＿ ＿＿＿＿＿ ＿＿＿＿＿。

①咸 xián　②菜 cài　③有点儿 yǒudiǎnr　④这个 zhèige

4） 父は私にアルバイトをさせてくれません。

爸爸 ＿＿＿＿＿ ＿＿＿＿＿ ＿＿＿＿＿ ＿＿＿＿＿。

Bàba

①让 ràng　②我 wǒ　③打工 dǎgōng　④不 bú

5） 私は友達と遊びに出かけます。

我 ＿＿＿＿＿ ＿＿＿＿＿ ＿＿＿＿＿ ＿＿＿＿＿。

Wǒ

①出去 chūqu　②朋友 péngyou　③跟 gēn　④玩儿 wánr

6） 今日は昨日より少し寒いです。

今天 ＿＿＿＿＿ ＿＿＿＿＿ ＿＿＿＿＿ ＿＿＿＿＿。

Jīntiān

①昨天 zuótiān　②一点儿 yìdiǎnr　③比 bǐ　④冷 lěng

7） 彼はピアノを弾くのが上手です。

他 __________ __________ __________ __________。

Tā

①很 好 hěn hǎo　②钢琴 gāngqín　③弹 tán　④得 de

8） 私は会社員になるつもりです。

__________ __________ __________ __________。

①当 dāng　②公司 职员 gōngsī zhíyuán　③打算 dǎsuan　④我 wǒ

9） ゴールデンウィーク、あなたは何日間休めますか？

黄金周 __________ __________ __________ __________？

Huángjīnzhōu

①能 néng　②你 nǐ　③几 天 jǐ tiān　④休息 xiūxi

10） 私は少し飲み物を飲みました。

我 __________ __________ __________ __________。

Wǒ

①一点儿 yìdiǎnr　②饮料 yǐnliào　③喝 hē　④了 le

练习 B
liànxí

1 音声のあとについて発音しながら、読まれた順に（ ）に番号を書きなさい。 CD 226

①（　　）明日　（　　）今日　（　　）昨日

②（　　）木曜日　（　　）月曜日　（　　）金曜日

③（　　）27 日　（　　）24 日　（　　）21 日

④（　　）元旦　（　　）バレンタインデー　（　　）春節

2 音声を聞いて、絵の説明として適当なものを A ～ C の中から 1 つ選び、その記号を（　）に書きなさい。 CD 227

①（　　）　②（　　）　③（　　）　④（　　）

⑤（　　）　⑥（　　）　⑦（　　）　⑧（　　）

3 会話文を聞いて、問いに中国語で答え、漢字とピンインを書きなさい。 CD 228

① 漢字＿＿＿＿＿＿＿＿＿＿　ピンイン＿＿＿＿＿＿＿＿＿＿

② 漢字＿＿＿＿＿＿＿＿＿＿　ピンイン＿＿＿＿＿＿＿＿＿＿

4 次の日本語を中国語に訳し、漢字とピンインを書きなさい。

① 明日は水曜日です。

漢字＿＿＿＿＿＿＿＿＿＿　ピンイン＿＿＿＿＿＿＿＿＿＿

② バレンタインデーは 2 月 14 日です。

漢字＿＿＿＿＿＿＿＿＿＿　ピンイン＿＿＿＿＿＿＿＿＿＿

1　音声のあとについて発音しながら、読まれた順に（　）に番号を書きなさい。 CD229

① （　　）彼ら　（　　）私　（　　）彼女

② （　　）お父さん　（　　）お兄さん　（　　）妹

③ （　　）友達　（　　）仕事　（　　）会社

④ （　　）14 歳　（　　）27 歳　（　　）40 歳

2　音声を聞いて、絵の説明として適当なものを A ～ C の中から 1 つ選び、その記号を（　）に書きなさい。 CD230

① （　　）　② （　　）　③ （　　）　④ （　　）

⑤ （　　）　⑥ （　　）　⑦ （　　）　⑧ （　　）

3　会話文を聞いて、問いに中国語で答え、漢字とピンインを書きなさい。 CD231

① 漢字＿＿＿＿＿＿＿＿　ピンイン＿＿＿＿＿＿＿＿

② 漢字＿＿＿＿＿＿＿＿　ピンイン＿＿＿＿＿＿＿＿

4　次の日本語を中国語に訳し、漢字とピンインを書きなさい。

① 私の姉は 26 歳です。

漢字＿＿＿＿＿＿＿＿　ピンイン＿＿＿＿＿＿＿＿

② あなたのお父さんの誕生日は何月何日ですか？

漢字＿＿＿＿＿＿＿＿　ピンイン＿＿＿＿＿＿＿＿

练习 B
liànxí

1 音声のあとについて発音しながら、読まれた順に（ ）に番号を書きなさい。 CD232

① （　　） 4時45分 （　　） 7時18分 （　　） 9時半

② （　　） 喉が渇いた （　　） 疲れた （　　） お腹が空いた

③ （　　） 授業を受ける （　　） 起きる （　　） 出勤する

④ （　　） 2時になった （　　） 彼らは20歳になった （　　） 私は眠くなった

2 音声を聞いて、絵の説明として適当なものをA～Cの中から1つ選び、その記号を（ ）に書きなさい。 CD233

① （　　） ② （　　） ③ （　　） ④ （　　）

⑤ （　　） ⑥ （　　） ⑦ （　　） ⑧ （　　）

3 会話文を聞いて、問いに中国語で答え、漢字とピンインを書きなさい。 CD234

① 漢字＿＿＿＿＿＿＿＿ ピンイン＿＿＿＿＿＿＿＿

② 漢字＿＿＿＿＿＿＿＿ ピンイン＿＿＿＿＿＿＿＿

4 次の日本語を中国語に訳し、漢字とピンインを書きなさい。

① 私はお腹が空きました。

漢字＿＿＿＿＿＿＿＿ ピンイン＿＿＿＿＿＿＿＿

② 今、2時45分です。

漢字＿＿＿＿＿＿＿＿ ピンイン＿＿＿＿＿＿＿＿

练习 B
liànxí

1 音声のあとについて発音しながら、読まれた順に（ ）に番号を書きなさい。 CD235

① （　　）2人の人 （　　）3枚のセーター （　　）6枚のチケット

② （　　）100円 （　　）100元 （　　）1000元

③ （　　）買い物をする （　　）店をぶらつく （　　）テレビを観る

④ （　　）映画を観ない （　　）音楽を聴く （　　）試合を見ない

2 音声を聞いて、絵の説明として適当なものをA～Cの中から1つ選び、その記号を（ ）に書きなさい。 CD236

① （　　） ② （　　） ③ （　　） ④ （　　）

⑤ （　　） ⑥ （　　） ⑦ （　　） ⑧ （　　）

3 会話文を聞いて、問いに中国語で答え、漢字とピンインを書きなさい。 CD237

① 漢字＿＿＿＿＿＿＿＿ ピンイン＿＿＿＿＿＿＿＿

② 漢字＿＿＿＿＿＿＿＿ ピンイン＿＿＿＿＿＿＿＿

4 次の日本語を中国語に訳し、漢字とピンインを書きなさい。

① 私はパンを3個買います。

漢字＿＿＿＿＿＿＿＿ ピンイン＿＿＿＿＿＿＿＿

② 私はテレビを観ません。

漢字＿＿＿＿＿＿＿＿ ピンイン＿＿＿＿＿＿＿＿

第5课

练习 B
liànxí

1 **音声のあとについて発音しながら、読まれた順に（　）に番号を書きなさい。** CD238

① （　　）会社員（　　）医者（　　）警官

② （　　）サンドイッチ（　　）牛丼（　　）チャーハン

③ （　　）パソコン（　　）飲み物（　　）メニュー

④ （　　）私はカレーを食べる（　　）彼は餃子を食べる（　　）彼女はカップ麺を食べる

2 **音声を聞いて、絵の説明として適当なものをA～Cの中から1つ選び、その記号を（　）に書きなさい。** CD239

① （　　）② （　　）③ （　　）④ （　　）

⑤ （　　）⑥ （　　）⑦ （　　）⑧ （　　）

3 **会話文を聞いて、問いに中国語で答え、漢字とピンインを書きなさい。** CD240

① 漢字＿＿＿＿＿＿＿＿ ピンイン＿＿＿＿＿＿＿＿

② 漢字＿＿＿＿＿＿＿＿ ピンイン＿＿＿＿＿＿＿＿

4 **次の日本語を中国語に訳し、漢字とピンインを書きなさい。**

① 私はこれを買います。

漢字＿＿＿＿＿＿＿＿ ピンイン＿＿＿＿＿＿＿＿

② あなたは何を食べますか？

漢字＿＿＿＿＿＿＿＿ ピンイン＿＿＿＿＿＿＿＿

练 习 B
liànxí

1 音声のあとについて発音しながら、読まれた順に（ ）に番号を書きなさい。CD 241

① （　　）アメリカ （　　）パン （　　）麺

② （　　）私たち （　　）外 （　　）あちら

③ （　　）試合 （　　）並ぶ （　　）お父さん

④ （　　）分かる （　　）明日 （　　）妹

2 音声を聞いて、絵の説明として適当なものを A ～ C の中から 1 つ選び、その記号を（　）に書きなさい。CD 242

① （　　） ② （　　） ③ （　　） ④ （　　）

⑤ （　　） ⑥ （　　） ⑦ （　　） ⑧ （　　）

3 会話文を聞いて、問いに中国語で答え、漢字とピンインを書きなさい。CD 243

① 漢字＿＿＿＿＿＿＿＿ ピンイン＿＿＿＿＿＿＿＿

② 漢字＿＿＿＿＿＿＿＿ ピンイン＿＿＿＿＿＿＿＿

4 次の日本語を中国語に訳し、漢字とピンインを書きなさい。

① あなたは家に帰りますか、それともアルバイトをしますか？

漢字＿＿＿＿＿＿＿＿ ピンイン＿＿＿＿＿＿＿＿

② 私の兄は家で食事をしません。

漢字＿＿＿＿＿＿＿＿ ピンイン＿＿＿＿＿＿＿＿

第8课

练习 B
liànxí

1　音声のあとについて発音しながら、読まれた順に（　）に番号を書きなさい。 CD244

① （　　　）桃　（　　　）梨　（　　　）イチゴ

② （　　　）着る（　　　）似合っている（　　　）相談する

③ （　　　）赤　（　　　）青　（　　　）黄色

④ （　　　）野菜を食べる（　　　）漫画を読む　（　　　）宿題をする

2　音声を聞いて、絵の説明として適当なものをA～Cの中から1つ選び、その記号を（　　）に書きなさい。 CD245

① （　　　）　② （　　　）　③ （　　　）　④ （　　　）

⑤ （　　　）　⑥ （　　　）　⑦ （　　　）　⑧ （　　　）

3　会話文を聞いて、問いに中国語で答え、漢字とピンインを書きなさい。 CD246

① 漢字＿＿＿＿＿＿＿＿＿＿　ピンイン＿＿＿＿＿＿＿＿＿＿

② 漢字＿＿＿＿＿＿＿＿＿＿　ピンイン＿＿＿＿＿＿＿＿＿＿

4　次の日本語を中国語に訳し、漢字とピンインを書きなさい。

① 私は野菜を食べるのが好きではありません。

漢字＿＿＿＿＿＿＿＿＿＿　ピンイン＿＿＿＿＿＿＿＿＿＿

② ちょっと見てみてください。

漢字＿＿＿＿＿＿＿＿＿＿　ピンイン＿＿＿＿＿＿＿＿＿＿

练习 B liànxí

1 音声のあとについて発音しながら、読まれた順に（ ）に番号を書きなさい。 CD 247

① （　　）コーラ　（　　）可愛い　（　　）ジュース

② （　　）最近　（　　）昨日　（　　）食事を作る

③ （　　）肩を揉む　（　　）牛丼　（　　）先生

④ （　　）難しい　（　　）太っている（　　）高い

2 音声を聞いて、絵の説明として適当なものを A ～ C の中から 1 つ選び、その記号を（ ）に書きなさい。 CD 248

①（　　）　②（　　）　③（　　）　④（　　）

⑤（　　）　⑥（　　）　⑦（　　）　⑧（　　）

3 会話文を聞いて、問いに中国語で答え、漢字とピンインを書きなさい。 CD 249

① 漢字＿＿＿＿＿＿＿＿＿＿ ピンイン＿＿＿＿＿＿＿＿＿＿

② 漢字＿＿＿＿＿＿＿＿＿＿ ピンイン＿＿＿＿＿＿＿＿＿＿

4 次の日本語を中国語に訳し、漢字とピンインを書きなさい。

① この映画は素晴らしいです。

漢字＿＿＿＿＿＿＿＿＿＿ ピンイン＿＿＿＿＿＿＿＿＿＿

② 今日私は友達に電話をかけます。

漢字＿＿＿＿＿＿＿＿＿＿ ピンイン＿＿＿＿＿＿＿＿＿＿

1 音声のあとについて発音しながら、読まれた順に（　）に番号を書きなさい。 CD250

① （　　　）餃子 （　　　）交通 （　　　）ペット

② （　　　）便利だ （　　　）部屋（　　　）紅茶

③ （　　　）体が丈夫 （　　　）目が大きい （　　　）背が高い

④ （　　　）安い （　　　）りんご （　　　）試合

2 音声を聞いて、絵の説明として適当なものを A ～ C の中から 1 つ選び、その記号を（　　）に書きなさい。 CD251

① （　　　）　② （　　　）　③ （　　　）　④ （　　　）

⑤ （　　　）　⑥ （　　　）　⑦ （　　　）　⑧ （　　　）

3 会話文を聞いて、問いに中国語で答え、漢字とピンインを書きなさい。 CD252

① 漢字＿＿＿＿＿＿＿＿＿＿ ピンイン＿＿＿＿＿＿＿＿＿＿

② 漢字＿＿＿＿＿＿＿＿＿＿ ピンイン＿＿＿＿＿＿＿＿＿＿

4 次の日本語を中国語に訳し、漢字とピンインを書きなさい。

① 彼のお姉さんは全然太っていません。

漢字＿＿＿＿＿＿＿＿＿＿ ピンイン＿＿＿＿＿＿＿＿＿＿

② 私の父は背が高いです。

漢字＿＿＿＿＿＿＿＿＿＿ ピンイン＿＿＿＿＿＿＿＿＿＿

第11课

练习 B
liànxí

1 **音声のあとについて発音しながら、読まれた順に（　）に番号を書きなさい。** CD253

① （　　　）イチゴ　（　　　）宿題　（　　　）メニュー

② （　　　）ケーキ　（　　　）サラダ（　　　）パソコン

③ （　　　）寒い　（　　　）忙しい　（　　　）高い

④ （　　　）ピアノを弾く（　　　）ギターを弾く（　　　）音楽を聴く

2 **音声を聞いて、絵の説明として適当なものをＡ～Ｃの中から１つ選び、その記号を（　　）に書きなさい。** CD254

①（　　　）　②（　　　）　③（　　　）　④（　　　）

⑤（　　　）　⑥（　　　）　⑦（　　　）　⑧（　　　）

3 **会話文を聞いて、問いに中国語で答え、漢字とピンインを書きなさい。** CD255

① 漢字＿＿＿＿＿＿＿＿＿＿　ピンイン＿＿＿＿＿＿＿＿＿＿

② 漢字＿＿＿＿＿＿＿＿＿＿　ピンイン＿＿＿＿＿＿＿＿＿＿

4 **次の日本語を中国語に訳し、漢字とピンインを書きなさい。**

① この料理はあの料理ほど高くありません。

漢字＿＿＿＿＿＿＿＿＿＿　ピンイン＿＿＿＿＿＿＿＿＿＿

② 私は学校に授業を受けに行きます。あなたは？

漢字＿＿＿＿＿＿＿＿＿＿　ピンイン＿＿＿＿＿＿＿＿＿＿

第 13 课

练习 B
liànxí

1 音声のあとについて発音しながら、読まれた順に（　）に番号を書きなさい。CD256

① （　　　）北京ダック（　　　）試験　（　　　）ジュース

② （　　　）麺　（　　　）パン　（　　　）カップ麺

③ （　　　）友達　（　　　）紅茶　（　　　）郵便局

④ （　　　）コーラを飲む（　　　）アルバイトをする　（　　　）寝る

2 音声を聞いて、絵の説明として適当なものを A ～ C の中から 1 つ選び、その記号を（　　）に書きなさい。CD257

① （　　　）　② （　　　）　③ （　　　）　④ （　　　）

⑤ （　　　）　⑥ （　　　）　⑦ （　　　）　⑧ （　　　）

3 会話文を聞いて、問いに中国語で答え、漢字とピンインを書きなさい。CD258

① 漢字＿＿＿＿＿＿＿＿＿＿　ピンイン＿＿＿＿＿＿＿＿＿＿

② 漢字＿＿＿＿＿＿＿＿＿＿　ピンイン＿＿＿＿＿＿＿＿＿＿

4 次の日本語を中国語に訳し、漢字とピンインを書きなさい。

① あなたは何がしたいですか？

漢字＿＿＿＿＿＿＿＿＿＿　ピンイン＿＿＿＿＿＿＿＿＿＿

② あそこにはコンビニがあります。

漢字＿＿＿＿＿＿＿＿＿＿　ピンイン＿＿＿＿＿＿＿＿＿＿

练习 B
liànxí

1 音声のあとについて発音しながら、読まれた順に（　）に番号を書きなさい。CD259

① （　　）我が家　（　　）付近　（　　）銀行

② （　　）スポーツジム　（　　）図書館　（　　）カフェ

③ （　　）駅　（　　）かばん　（　　）机

④ （　　）私たちの学校　（　　）1軒のスーパーマーケット　（　　）2つのケーキ

2 音声を聞いて、絵の説明として適当なものをA～Cの中から1つ選び、その記号を（　）に書きなさい。CD260

① （　　）　② （　　）　③ （　　）　④ （　　）

⑤ （　　）　⑥ （　　）　⑦ （　　）　⑧ （　　）

3 会話文を聞いて、問いに中国語で答え、漢字とピンインを書きなさい。CD261

① 漢字＿＿＿＿＿＿＿＿　ピンイン＿＿＿＿＿＿＿＿

② 漢字＿＿＿＿＿＿＿＿　ピンイン＿＿＿＿＿＿＿＿

4 次の日本語を中国語に訳し、漢字とピンインを書きなさい。

① あなたのケーキは机の上にあります。

漢字＿＿＿＿＿＿＿＿　ピンイン＿＿＿＿＿＿＿＿

② 大学の近くにはカフェが2軒あります。

漢字＿＿＿＿＿＿＿＿　ピンイン＿＿＿＿＿＿＿＿

练习 B
liànxí

1 音声のあとについて発音しながら、読まれた順に（　）に番号を書きなさい。 CD 262

① （　　　）店　（　　　）パンダ　（　　　）知る

② （　　　）麺　（　　　）質問　（　　　）パン

③ （　　　）定期券　（　　　）携帯電話　（　　　）財布

④ （　　　）温泉に入る　（　　　）映画を観る　（　　　）服を買う

2 音声を聞いて、絵の説明として適当なものを A ～ C の中から 1 つ選び、その記号を（　　）に書きなさい。 CD 263

① （　　　）

② （　　　）

③ （　　　）

④ （　　　）

⑤ （　　　）

⑥
（　　　）

⑦ （　　　）

⑧
（　　　）

3 会話文を聞いて、問いに中国語で答え、漢字とピンインを書きなさい。 CD 264

① 漢字＿＿＿＿＿＿＿＿＿＿＿＿ ピンイン＿＿＿＿＿＿＿＿＿＿＿＿

② 漢字＿＿＿＿＿＿＿＿＿＿＿＿ ピンイン＿＿＿＿＿＿＿＿＿＿＿＿

4 次の日本語を中国語に訳し、漢字とピンインを書きなさい。

① 昨日彼はサッカーをしませんでした。

漢字＿＿＿＿＿＿＿＿＿＿＿＿ ピンイン＿＿＿＿＿＿＿＿＿＿＿＿

② 私たち映画を観に行きませんか？

漢字＿＿＿＿＿＿＿＿＿＿＿＿ ピンイン＿＿＿＿＿＿＿＿＿＿＿＿

练习 B
liànxí

1 音声のあとについて発音しながら、読まれた順に（　）に番号を書きなさい。 CD265

①（　　）通りを渡る（　　）まっすぐ行く（　　）左に曲がる

②（　　）電車に乗る（　　）自転車に乗る（　　）バスに乗る

③（　　）授業がない（　　）時間がない（　　）質問がない

④（　　）学校から遠い（　　）駅から近い（　　）スーパーマーケットから近い

2 音声を聞いて、絵の説明として適当なものをA～Cの中から1つ選び、その記号を（　）に書きなさい。 CD266

① （　　） ② （　　） ③ 3km （　　） ④ （　　）

⑤ （　　） ⑥ （　　） ⑦ BANK （　　） ⑧ 今日は休講です （　　）

3 会話文を聞いて、問いに中国語で答え、漢字とピンインを書きなさい。 CD267

① 漢字＿＿＿＿＿＿＿＿ ピンイン＿＿＿＿＿＿＿＿

② 漢字＿＿＿＿＿＿＿＿ ピンイン＿＿＿＿＿＿＿＿

4 次の日本語を中国語に訳し、漢字とピンインを書きなさい。

① 私たちの大学は駅から近いです。

漢字＿＿＿＿＿＿＿＿ ピンイン＿＿＿＿＿＿＿＿

② 通りを渡ってから右に曲がって下さい。

漢字＿＿＿＿＿＿＿＿ ピンイン＿＿＿＿＿＿＿＿

练习 B
liànxí

1 音声のあとについて発音しながら、読まれた順に（ ）に番号を書きなさい。CD 268

① （　　）やり終えた （　　）推測が当たった （　　）見て分かった

② （　　）お化粧中 （　　）おしゃべり中 （　　）喫煙中

③ （　　）泣くな （　　）行くな （　　）話をするな

④ （　　）ちょっと見て （　　）ちょっと待って （　　）ちょっと聞いて

2 音声を聞いて、絵の説明として適当なものを A ～ C の中から 1 つ選び、その記号を（ ）に書きなさい。CD 269

① （　　） ② （　　） ③ （　　） ④ （　　）

⑤ （　　） ⑥ （　　） ⑦ （　　） ⑧ （　　）

3 会話文を聞いて、問いに中国語で答え、漢字とピンインを書きなさい。CD 270

① 漢字＿＿＿＿＿＿＿＿ ピンイン＿＿＿＿＿＿＿＿

② 漢字＿＿＿＿＿＿＿＿ ピンイン＿＿＿＿＿＿＿＿

4 次の日本語を中国語に訳し、漢字とピンインを書きなさい。

① 彼女はちょうど部屋を掃除しているところです。

漢字＿＿＿＿＿＿＿＿ ピンイン＿＿＿＿＿＿＿＿

② あなたは聞き取れましたか？

漢字＿＿＿＿＿＿＿＿ ピンイン＿＿＿＿＿＿＿＿

练习 B
liànxí

1 音声のあとについて発音しながら、読まれた順に（ ）に番号を書きなさい。 CD271

① （　　）恋愛をする （　　）北京ダックを食べる （　　）中国語を学ぶ

② （　　）アメリカ （　　）弁当 （　　）歌手

③ （　　）私の財布 （　　）彼が歌う歌 （　　）きれいなTシャツ

④ （　　）餃子を作る （　　）漫画を描く （　　）試合に参加する

2 音声を聞いて、絵の説明として適当なものをA～Cの中から1つ選び、その記号を（　）に書きなさい。 CD272

①  （　　） ②  （　　） ③  （　　） ④  （　　）

⑤ 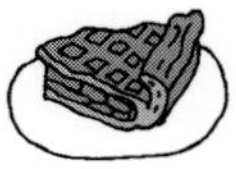 （　　） ⑥  （　　） ⑦  （　　） ⑧ （　　）

3 会話文を聞いて、問いに中国語で答え、漢字とピンインを書きなさい。 CD273

① 漢字＿＿＿＿＿＿＿＿ ピンイン＿＿＿＿＿＿＿＿

② 漢字＿＿＿＿＿＿＿＿ ピンイン＿＿＿＿＿＿＿＿

4 次の日本語を中国語に訳し、漢字とピンインを書きなさい。

① 犬は私の好きなペットです。

漢字＿＿＿＿＿＿＿＿ ピンイン＿＿＿＿＿＿＿＿

② 私は温泉に入ったことがあります。

漢字＿＿＿＿＿＿＿＿ ピンイン＿＿＿＿＿＿＿＿

第 20 课

练习 B
liànxí

1 音声のあとについて発音しながら、読まれた順に（　）に番号を書きなさい。 CD274

① （　　）泳ぐ （　　）郵便局 （　　）運転する

② （　　）塩 （　　）砂糖 （　　）醤油

③ （　　）少し辛い （　　）少し酸っぱい （　　）少し塩辛い

④ （　　）サッカーをする （　　）野球をする （　　）中国語を話す

2 音声を聞いて、絵の説明として適当なものを A ～ C の中から 1 つ選び、その記号を（　）に書きなさい。 CD275

① （　　） ② （　　） ③ （　　） ④ （　　）

⑤ （　　） ⑥ （　　） ⑦ （　　） ⑧ （　　）

3 会話文を聞いて、問いに中国語で答え、漢字とピンインを書きなさい。 CD276

① 漢字＿＿＿＿＿＿＿＿ ピンイン＿＿＿＿＿＿＿＿

② 漢字＿＿＿＿＿＿＿＿ ピンイン＿＿＿＿＿＿＿＿

4 次の日本語を中国語に訳し、漢字とピンインを書きなさい。

① 私の兄は野球ができません。

漢字＿＿＿＿＿＿＿＿ ピンイン＿＿＿＿＿＿＿＿

② 今日は昨日より少し暑いです。

漢字＿＿＿＿＿＿＿＿ ピンイン＿＿＿＿＿＿＿＿

1 音声のあとについて発音しながら、読まれた順に（　）に番号を書きなさい。 CD 277

① （　　）上がっていく （　　）下がってくる （　　）入ってくる

② （　　）ちょっと味見する （　　）ちょっと使う （　　）ちょっと座る

③ （　　）買い物をする （　　）アルバイトをする （　　）おかえりなさい

④ （　　）入って来て （　　）座って （　　）お呼びですか

2 音声を聞いて、絵の説明として適当なものを A ～ C の中から 1 つ選び、その記号を（　）に書きなさい。 CD 278

① （　　）　② （　　）　③ （　　）　④ （　　）

⑤ （　　）　⑥ （　　）　⑦ （　　）　⑧ （　　）

3 会話文を聞いて、問いに中国語で答え、漢字とピンインを書きなさい。 CD 279

① 漢字＿＿＿＿＿＿＿＿ ピンイン＿＿＿＿＿＿＿＿

② 漢字＿＿＿＿＿＿＿＿ ピンイン＿＿＿＿＿＿＿＿

4 次の日本語を中国語に訳し、漢字とピンインを書きなさい。

①ちょっと使わせてください。

漢字＿＿＿＿＿＿＿＿ ピンイン＿＿＿＿＿＿＿＿

② エレベーターが下りて行きました。

漢字＿＿＿＿＿＿＿＿ ピンイン＿＿＿＿＿＿＿＿

练习 B
liànxí

1 音声のあとについて発音しながら、読まれた順に（　）に番号を書きなさい。 CD 280

①（　　）サッカーをする　（　　）マージャンをする　（　　）ピアノを弾く

②（　　）授業がない　（　　）知らない　（　　）この歌手

③（　　）歌を歌う　（　　）遊びに出かける　（　　）ボーイフレンド

④（　　）起きるのが遅い　（　　）寝るのが早い　（　　）帰ってくるのが遅い

2 音声を聞いて、絵の説明として適当なものを A ～ C の中から 1 つ選び、その記号を（　）に書きなさい。 CD 281

①（　　）　②（　　）　③（　　）　④（　　）

⑤（　　）　⑥（　　）　⑦（　　）　⑧（　　）

3 会話文を聞いて、問いに中国語で答え、漢字とピンインを書きなさい。 CD 282

① 漢字＿＿＿＿＿＿＿＿　ピンイン＿＿＿＿＿＿＿＿

② 漢字＿＿＿＿＿＿＿＿　ピンイン＿＿＿＿＿＿＿＿

4 次の日本語を中国語に訳し、漢字とピンインを書きなさい。

① 私の姉はピアノを弾くのが上手です。

漢字＿＿＿＿＿＿＿＿　ピンイン＿＿＿＿＿＿＿＿

② あなたはどうしてこの歌手が好きなのですか？

漢字＿＿＿＿＿＿＿＿　ピンイン＿＿＿＿＿＿＿＿

第23课

练习 B
liànxí

1 **音声のあとについて発音しながら、読まれた順に（　）に番号を書きなさい。** CD283

① （　　　）ゴールデンウィーク　（　　　）夏休み　（　　　）冬休み

② （　　　）３日間　（　　　）２週間　（　　　）４か月

③ （　　　）先生　（　　　）公務員　（　　　）会社員

④ （　　　）どこに行くつもり？（　　　）何をするつもり？（　　　）どれを食べるつもり？

2 **音声を聞いて、絵の説明として適当なものをＡ～Ｃの中から１つ選び、その記号を（　　）に書きなさい。** CD284

① （　　　）　② （　　　）　③ （　　　）　④ （　　　）

⑤ （　　　）　⑥ （　　　）　⑦ （　　　）　⑧ （　　　）

3 **会話文を聞いて、問いに中国語で答え、漢字とピンインを書きなさい。** CD285

① 漢字＿＿＿＿＿＿＿＿＿＿　ピンイン＿＿＿＿＿＿＿＿＿＿

② 漢字＿＿＿＿＿＿＿＿＿＿　ピンイン＿＿＿＿＿＿＿＿＿＿

4 **次の日本語を中国語に訳し、漢字とピンインを書きなさい。**

① 私は今日ご飯が食べられません。

漢字＿＿＿＿＿＿＿＿＿＿　ピンイン＿＿＿＿＿＿＿＿＿＿

② 私の兄は公務員になるつもりです。

漢字＿＿＿＿＿＿＿＿＿＿　ピンイン＿＿＿＿＿＿＿＿＿＿

会话全文

第1课

幼稚園で日付のいい方を教わった林林ちゃん。家に帰ると、さっそくママにテストです。「私」は林林役。

我：妈妈，今天 几 月 几 号？
wǒ: Māma, Jīntiān jǐ yuè jǐ hào?

妈妈：今天 四月 二十五 号。
māma: Jīntiān sìyuè èrshiwǔ hào.

我：今天 星期 几？
wǒ: Jīntiān xīngqī jǐ?

妈妈：今天 星期三。
māma: Jīntiān xīngqīsān.

〈ママ、よくできました！　林林が拍手～〉

第2课

今度はママが林林ちゃんにテストです。「私」は林林役。

妈妈：林林，你 几 岁 了？
māma: Línlin, nǐ jǐ suì le?

我：〈指を 4 本立てて〉我 四 岁。
wǒ: Wǒ sì suì.

妈妈：你 的 生日 几 月 几 号？
māma: Nǐ de shēngrì jǐ yuè jǐ hào?

我：嗯……八月 十五 号。
wǒ: N̄g bāyuè shíwǔ hào.

〈林林すごい！ママも拍手～〉

第 3 课

ある休日の夜。携帯に没頭している両親に、小学生の太郎君もやれやれ…。「私」は太郎君役です。

我：快 吃饭 吧，我 饿 了。
wǒ: Kuài chīfàn ba, wǒ è le.

爸爸：欸？ 现在 几 点 了？
bàba: Éi? Xiànzài jǐ diǎn le?

我：已经 八 点 了。
wǒ: Yǐjīng bā diǎn le.

爸爸：真 的？ 糟 了，糟 了！我 的 电视 节目……
bàba: Zhēn de? Zāo le, zāo le! Wǒ de diànshì jiémù ......

〈あわててテレビをつける〉

第 4 课

「私」は友達と二人で北京動物園へ。入り口で、パンダ館がセットになっている入場券を買おうと思います。

我：一 张 票 多少 钱？
wǒ: Yì zhāng piào duōshao qián?

售票员：你们 看 熊猫 吗？
shòupiàoyuán: Nǐmen kàn xióngmāo ma?

我：对。 买 两 张。
wǒ: Duì. Mǎi liǎng zhāng.

售票员：一共 四十 块。
shòupiàoyuán: Yígòng sìshí kuài.

第 5 课

商社マンの中村さんが同僚を連れ、中華料理店にやってきました。「私」は店員さん。

中村：我 是 中村。 有 预约。
Zhōngcūn: Wǒ shì Zhōngcūn. Yǒu yùyuē.

我：四 位，对 吗？ 这边儿 请。
wǒ: Sì wèi, duì ma? Zhèibianr qǐng.

你们 喝 什么？
Nǐmen hē shénme?

中村：这 是 菜单 吗？ 我们 先 看 一下。
Zhōngcūn: Zhè shì càidān ma? Wǒmen xiān kàn yíxià.

第 7 课

お昼どきの社員食堂。中国から出張に来た王さんを田中さんが案内します。「私」は王さん役。

田中：小王，你 吃 面条 还是 吃 套餐？
Tiánzhōng: Xiǎo-Wáng, nǐ chī miàntiáo háishi chī tàocān?

我：（サンプルを見て）我 吃 面条。
wǒ: Wǒ chī miàntiáo.

田中：（指差しながら）那，你 去 那边儿 排队。
Tiánzhōng: Nà, nǐ qù nèibianr páiduì.

我：在 那边儿 排队 吗？明白 了。
wǒ: Zài nèibianr páiduì ma? Míngbai le.

第 8 课

「私」は中国人観光客。ショッピングを楽しんでいるところです。

店员：你 喜欢 哪 件 衣服？
diànyuán: Nǐ xǐhuan něi jiàn yīfu?

我：我 喜欢 这 件 绿色 的。
wǒ: Wǒ xǐhuan zhèi jiàn lǜsè de.

店员：那，你 穿上 试试 吧。
diànyuán: Nà, nǐ chuānshang shìshi ba.

我：（鏡を見ながら）嗯，不错。很 适合 我。
wǒ: Ǹg, búcuò. Hěn shìhé wǒ.

第 9 课

太郎君の家。夜遅く、パパ役の「私」が帰って来ました。

我：最近 工作 很 忙。好 累 啊！
wǒ: Zuìjìn gōngzuò hěn máng. Hǎo lèi a!

妻子：我 给 你 揉揉 肩 吧。
qīzi: Wǒ gěi nǐ róurou jiān ba.

太郎：我 揉。我 有劲儿。
Tàiláng: Wǒ róu. Wǒ yǒujìnr.

我：嗯，好 舒服 啊！
wǒ: Ǹg, hǎo shūfu a!

第10课

悠人くんはママとペットショップをぶらぶら。「私」は悠人くん役です。

我：妈妈，你 看，狗狗 好 可爱 啊！
wǒ: Māma, nǐ kàn, gǒugou hǎo kě'ài a!

店员：它 眼睛 特别 大。你 抱抱 吧。
diànyuán Tā yǎnjing tèbié dà. Nǐ bàobao ba.

妈妈：（抱っこしながら）你 好！它 一点儿 也 不 认生。
māma Nǐ hǎo! Tā yìdiǎnr yě bú rènshēng.

我：妈妈，这个 狗狗 好像 喜欢 你。
wǒ: Māma, zhèige gǒugou hǎoxiàng xǐhuan nǐ.

第11课

梨加さんは大地君とレストランに入りました。「私」は大地くん役。

梨加：这个 店 比 那个 店 有 人气。
Líjiā: Zhèige diàn bǐ nèige diàn yǒu rénqì.

我：是啊。不过，我 减肥，只 吃 色拉。你 呢？
wǒ: Shì a. Búguò, wǒ jiǎnféi, zhǐ chī sèlā. Nǐ ne?

梨加：（メニューを見て）我 要 一 个 炸猪排 套餐 和 一个 芝士 蛋糕。
Líjiā: Wǒ yào yí ge zházhūpái tàocān hé yí ge zhīshì dàngāo.

我：你 饭量 真 大！
wǒ: Nǐ fànliàng zhēn dà!

第13课

「私」は中国に出張中の中村さんです。ただ今，中国人の同僚と高速道路を走行中。

我：不 好意思。我 想 上 厕所。
wǒ: Bù hǎoyìsi. Wǒ xiǎng shàng cèsuǒ.

同事：先 忍 一下。前面 有 服务区。
tóngshì: Xiān rěn yíxià. Qiánmian yǒu fúwùqū.

我：（サービスエリアに到着後）哪儿 有 洗手间？
wǒ: Nǎr yǒu xǐshǒujiān?

同事：（指差しながら）那边儿。
tóngshì: Nèibianr.

第 14 课

「私」は高校生の結菜。ケーキを楽しみに部活から帰ると…

我：妈妈， 我 的 蛋糕 在 哪儿？
wǒ: Māma, wǒ de dàngāo zài nǎr?

妈妈：（2 階から）在 桌子上。你 自己 吃 吧。
māma: Zài zhuōzishang. Nǐ zìjǐ chī ba.

我：奇怪。桌子上 没有 啊！
wǒ: Qíguài. Zhuōzishang méiyǒu a!

妈妈：（2 階から下りてきて…）哦，我 知道 了。你 问 小猫 吧。
māma: Ò, wǒ zhīdao le. Nǐ wèn xiǎomāo ba.

第 15 课

「私」は美香。今、留学仲間のアメリカ人、マリーさんが来日しています。友達の蓮くんが 3 人で会おうと連絡してきました。

蓮：喂，美香。 玛丽 昨天 来 日本 了。
Lián: Wéi, Měixiāng. Mǎlì zuótiān lái Rìběn le.

我：我 也 刚 知道。
wǒ: Wǒ yě gāng zhīdao.

蓮：我们 三 个 人 周末 见面，怎么样？
Lián: Wǒmen sān ge rén zhōumò jiànmiàn, zěnmeyàng?

我：好 啊。 周末 我 有 时间。
wǒ: Hǎo a. Zhōumò wǒ yǒu shíjiān.

第 16 课

「私」は日本人観光客。北京旅行中に体調を崩し、病院に行く途中です。

我：（病院名を見せながら）请问，去 这个 医院 怎么 走？
wǒ: Qǐngwèn, qù zhèige yīyuàn zěnme zǒu?

中国人：（前方を指差して）一直 走，再 往 右 拐。
Zhōngguórén: Yìzhí zǒu, zài wǎng yòu guǎi.

我：离 这儿 远 吗？
wǒ: Lí zhèr yuǎn ma?

中国人：不 远。 我 带 你 去 吧。
Zhōngguórén: Bù yuǎn. Wǒ dài nǐ qù ba.

第 17 课

中年の夫婦が出かけようとしています。ぐずぐずしている奥さんに、旦那さんはイライラ。「私」は旦那さん役です。

我：老婆， 你 准备好 了 吗？
wǒ: Lǎopo, nǐ zhǔnbèihǎo le ma?

妻子：还 没有 呢。 再 等 一下。
qīzi: Hái méiyou ne. Zài děng yíxià.

我：你 在 干 什么 呢？
wǒ: Nǐ zài gàn shénme ne?

妻子：哎呀， 别 着急。 我 在 化妆 呢。
qīzi: Āiya, bié zháojí. Wǒ zài huàzhuāng ne.

第 19 课

老人ホームでおじいさんとおばあさんがテレビを見ています。「私」はおばあさん役です。

爷爷：（テレビの女性を指差して）这 是 我 喜欢 的 歌手。
yéye: Zhè shì wǒ xǐhuan de gēshǒu.

我：哦， 这个 人 啊？ 我 也 知道。
wǒ: Ò, zhèige rén a? Wǒ yě zhīdao.

五十 年 以前 吧？ 她 的 歌儿 流行过。
Wǔshí nián yǐqián ba? Tā de gēr liúxíngguo.

爷爷：那 时候， 真 年轻 啊！
yéye: Nèi shíhou, zhēn niánqīng a!

第 20 课

今日はガールフレンドが家に遊びに来る日。「私」はかなり気合が入っています。

女朋友：（私の手料理を見て）你 会 做 菜！ 太 厉害 了！
nǚpéngyou: Nǐ huì zuò cài! Tài lìhai le!

我：你 尝尝， 味道 怎么样？
wǒ: Nǐ chángchang, wèidao zěnmeyàng?

女朋友：嗯， 有点儿 辣。 不过， 很 好吃。
nǚpéngyou: Ǹg, yǒudiǎnr là. Búguò, hěn hǎochī.

我：是 啊， 我 放了 一点儿 辣椒。
wǒ: Shì a, wǒ fàngle yìdiǎnr làjiāo.

第21课

「私」は新入社員の鈴木君。たった今、外出先から会社に戻ったところです。

我：我 回来 了。
wǒ: Wǒ huílai le.

同事：回来 了。社长 让 你 去 一下。
tóngshì: Huílai le. Shèzhǎng ràng nǐ qù yíxià.

我：（緊張しながら、ドアをノック）社长，你 找 我 吗？
wǒ: Shèzhǎng, nǐ zhǎo wǒ ma?

社长：哦，铃木，进来 吧。请 坐。
shèzhǎng: Ò, Língmù, jìnlai ba. Qǐng zuò.

第22课

夜中に帰宅した大学生の娘。父親の「私」は心配でたまりません。

我：你 怎么 回来得 这么 晚？
wǒ: Nǐ zěnme huílaide zhème wǎn?

女儿：我 跟 朋友 出去 玩儿 了。
nǚ'ér: Wǒ gēn péngyou chūqu wánr le.

我：跟 谁 啊？你 有 男朋友 了？
wǒ: Gēn shéi a? Nǐ yǒu nánpéngyou le?

女儿：烦 死了，爸爸。我 已经 是 大人 了。
nǚ'ér: Fán sǐle, bàba. Wǒ yǐjīng shì dàren le.

第23课

楽しみなゴールデンウィークももうすぐ。「私」と同僚との会話です。

同事：黄金周 你 能 休息 几 天？
tóngshì: Huángjīnzhōu nǐ néng xiūxi jǐ tiān?

我：大概 一 个 星期 吧。
wǒ: Dàgài yí ge xīngqī ba.

同事：你 打算 去 哪儿？
tóngshì: Nǐ dǎsuan qù nǎr?

我：还 没 决定。
wǒ: Hái méi juédìng.

★ 数字は課数、発＝発音、看＝看图说话、语＝语法说明を表す。

dìdi	弟弟	弟	2看
Díshìní Lèyuán	迪士尼乐园	ディズニーランド	7看
dìtiě	地铁	地下鉄	16看
Dōngjīng	东京	東京	11看
dōngxi	东西	もの	4看
dōu	都	みな	21
duǎn	短	短い	10
duì	对	正しい	4
duìbuqǐ	对不起	ごめんなさい	発・会話
duō dà	多大	何歳ですか	2看
duōshao qián	多少钱	いくらですか	4看

E

è	饿	お腹がすいている	発・3看
éi	欸	えっ	3

F

fàn	饭	ご飯	9看
fán sǐle	烦死了	うっとうしい	22
fàng	放	入れる	20
fāngbiàn	方便	便利である	10语
fāngbiànmiàn	方便面	カップ麺	5看
fángjiān	房间	部屋	9看
fànliàng	饭量	食べる量	11
fēn	分	①(時間の単位)分	3看
		②分(= 0.01 元)	4语
fěnhóngsè	粉红色	ピンク	8看
fùjìn	附近	付近	14
fúwùqū	服务区	サービスエリア	13

G

gālífàn	咖喱饭	カレーライス	5语
gàn	干	やる	7看
gǎndòng	感动	感動する	19看
gāng	刚	たった今	15
gāngqín	钢琴	ピアノ	8语
gāo	高	背が高い	10看
gāoxìng	高兴	嬉しい	10看
ge	个	個	4看
gēge	哥哥	兄	2看
gěi	给	①〜のために、〜に	9看
		②あげる	19
gēn	跟	〜と	22
gēr	歌儿	歌	19
gēshǒu	歌手	歌手	19
gèzi	个子	背丈	10看
gōngjiāochē	公交车	バス	16看
gōngsī	公司	会社	2语
gōngsī zhíyuán	公司职员	会社員	5看
gōngyuán	公园	公園	7语
gōngzuò	工作	仕事	2语
gǒu	狗	犬	10
gǒugou	狗狗	ワンちゃん	10
guǎi	拐	曲がる	16
guàng	逛	ぶらつく	4看
guì	贵	(値段)が高い	10
guo	过	(経験を表す)	
		〜したことがある	19看
guò	过	渡る	16看
guò mǎlù	过马路	横断する	16看
guǒzhī	果汁	ジュース	5看

H

hái	还	まだ	17
háishi	还是	それとも	7看
háizi	孩子	子供	7语
hànbǎobāo	汉堡包	ハンバーガー	5看
hánjià	寒假	冬休み	23
Hànyǔ	汉语	中国語	19看
hào	号	日	1看
hǎo	好	①すごく	9看
		②よい、元気である	10看
		③(承諾の返事)	
		いいです	21看
hǎoa	好啊	いいですよ	15语
hǎochī	好吃	(食べ物が)おいしい	10看
hǎohē	好喝	(飲み物が)おいしい	11看
hǎoxiàng	好像	〜のような気がする	10
hē	喝	飲む	5看
hé	和	〜と	11
hēisè	黑色	黒	8看
hěn	很	とても	8
hóngchá	红茶	紅茶	5看
hóngsè	红色	赤	8看
huà	画	描く	19看
huángjīnzhōu	黄金周	ゴールデンウイーク	23
huángsè	黄色	黄色	8看
huàr	画儿	絵	発
huàzhuāng	化妆	化粧する	17看
huí	回	帰る	21看
huì	会	〜できる	20
huídá	回答	答える	23看
huíjiā	回家	家に帰る	3看

J

jǐ	几	いくつ	1看

jiā	家	家	7 看
jiābān	加班	残業する	13
jiàn	件	(衣服を数える)枚	発・4 看
jiān	肩	肩	9
jiǎnféi	减肥	ダイエットする	11
jiānglái	将来	将来	23 看
jiàngyóu	酱油	醤油	20 看
jiànmiàn	见面	会う	15
jiànshēnfáng	健身房	トレーニング・ジム	14 看
jiào	叫	①～と呼ぶ	発・会話
		②～をさせる	21
jiǎo	角	角(＝0.1 元)	4 语
jiàoshì	教室	教室	14
jiāotōng	交通	交通	10 语
jiǎozi	饺子	ギョウザ	発・5 看
jiāyóu	加油	頑張れ	発・欄外
jiějie	姐姐	姉	2 看
jiè	借	借りる	21 语
jiémù	节目	番組	3
jìn	进	入る	21 看
jìn	近	近い	16
jǐngchá	警察	警察	5 看
jīntiān	今天	今日	1 看
jítā	吉他	ギター	11 看
jiǔ	酒	酒	11 看
juédìng	决定	決める	23

K

kāfēi	咖啡	コーヒー	発・5 看
kāfēitīng	咖啡厅	喫茶店	14 看
kāichē	开车	車を運転する	20
kāixīn	开心	うれしい	発・欄外
kàn	看	見る、読む	4 看
kǎoshì	考试	試験	9 看
kě	渴	喉が渇いている	3 看
kě'ài	可爱	可愛い	9 看
kělè	可乐	コーラ	発・5 看
kōngjiě	空姐	女性のキャビンアテンダント	5 看
kū	哭	泣く	17 看
kuài	快	早く	3
kuài	块	元	4 看
kuàicāndiàn	快餐店	ファストフード店	13 看
kùn	困	眠い	3 看

L

là	辣	辛い	20
lái	来	来る	発・7 看
làjiāo	辣椒	唐辛子	20
lánméi	蓝莓	ブルーベリー	8 看
lánsè	蓝色	青	8 看
lǎopo	老婆	女房、(呼びかけに用いる)おまえ	17
lǎoshī	老师	先生	14
làyóu	辣油	ラー油	20 看
le	了	①～になった、～になる	2 看
		②(動作の完了を表す)～した	15
lèi	累	疲れる	3 看
lěng	冷	寒い	11 语
li	里	～の中	13
lí	梨	梨	8 看
lí	离	～から、～まで	16
liàn'ài	恋爱	恋愛	発
liǎng	两	2	4 看
lián'ǒu	莲藕	れんこん	発
liáotiānr	聊天儿	おしゃべりする	17
lìhai	厉害	すごい	20
liúxíng	流行	流行する	19
liúxué	留学	留学する	23 语
lǐwù	礼物	プレゼント	19
lǜsè	绿色	緑	8 看

M

ma	吗	～か	4
mǎi	买	買う	発・4 看
mǎi dōngxi	买东西	買い物する	4 看
Màidāngláo	麦当劳	マクドナルド	13 看
mǎlù	马路	大通り	16 看
māma	妈妈	お母さん	発・1
mǎmahūhū	马马虎虎	まずまずである	22 看
máng	忙	忙しい	9 看
mángguǒ	芒果	マンゴー	発
mànhuà	漫画	漫画	8 看
máo	毛	角(＝0.1 元)	4 语
māo	猫	猫	9 语
máoyī	毛衣	セーター	発・4 语
mápódòufu	麻婆豆腐	マーボー豆腐	発
méi guānxi	没关系	かまいません	発・会話
Měiguó	美国	アメリカ	7 看
méijiǔ	梅酒	梅酒	11 看
mèimei	妹妹	妹	2 看
měiróngyuàn	美容院	美容院	14 看
méiyǒu	没有	ない	13
méiyou	没有	①(比較文の否定)	11
		②(動作の発生を否定する)～しなかった、	

		～していない	15
miànbāo	面包	パン	4 看
miàntiáo	面条	麺類	5 看
mǐfàn	米饭	白米のご飯	発
Mǐlǎoshǔ	米老鼠	ミッキーマウス	9 看
míngbai	明白	分かる	7
míngtiān	明天	明日	1 看
míngzi	名字	名前	発・会話

N

nà	那	①あれ	5 语
		②それでは	7
nǎ	哪	どれ	5 语
nàli	那里	あそこ	13 语
nǎli	哪里	どこ	13 语
nàme	那么	あんなに	22 语
nán	难	難しい	9 看
nánpéngyou	男朋友	ボーイフレンド	22
nàr	那儿	あそこ	13 语
nǎr	哪儿	どこ	13 语
ne	呢	①～は	8 语
		②～しているところだ	17 语
nèi shíhou	那时候	あのころ	19
nèibianr	那边儿	あちら	5 语
něibianr	哪边儿	どちら	5 语
nèige	那个	あれ、あの	5 语
něige	哪个	どれ、どの	5 看
néng	能	できる	23
ñg	嗯	ええと(考えながら話すときに用いる)	2
ǹg	嗯	(肯定を表す)うん	8
nǐ	你	あなた	2 看
nǐ hǎo	你好	こんにちは	発
nián	年	～年、～年間	23 语
niánqīng	年轻	若い	19
nǐmen	你们	あなたたち	2 语
nín	您	あなた	2 语
niúnǎi	牛奶	牛乳	発・13 看
niúpái	牛排	ビーフステーキ	13
niúròu	牛肉	牛肉	5 语
niúròufàn	牛肉饭	牛丼	5 看
nǚ'ér	女儿	娘	発・22
nǚpéngyou	女朋友	ガールフレンド	20

O

ò	哦	①(納得、合点の気持ちを表す)ああ	14
		②(返答を表す)おお	21

P

páiduì	排队	並ぶ	7 看
pàng	胖	太っている	9 语
pào wēnquán	泡温泉	温泉に入る	13 看
péngyou	朋友	友達	2 看
piányi	便宜	安い	10 看
piào	票	チケット	4 语
piàoliang	漂亮	美しい	19
píjiǔ	啤酒	ビール	11 看
píng	瓶	(瓶に入ったものを数える)瓶、本	発
píngguǒ	苹果	りんご	4 语
píngguǒpài	苹果派	アップルパイ	19 看
pútao	葡萄	ぶどう	11 看

Q

qǐ	起	起きる	22
qí	骑	(跨って)乗る	16
qiánbāo	钱包	財布	2 看
qiánmiàn	前面	前	13
qǐchuáng	起床	起きる	3 看
qíguài	奇怪	おかしい	14
qǐng duō guānzhào	请多关照	どうぞよろしく	発・会話
qīngjiāoròusī	青椒肉丝	チンジャオロース	発
qíngrénjié	情人节	バレンタインデー	1 看
qǐngwèn	请问	(相手に尋ねる前の前置き)お尋ねします	16
qīzi	妻子	妻	9
qù	去	行く	発・7 看

R

ràng	让	～させる	21
rè	热	暑い	11 语
rén	人	人	4 看
rěn	忍	我慢する	13
rènshēng	认生	人見知りする	10
Rìběn	日本	日本	7 看
Rìběnrén	日本人	日本人	発・7 语
Rìyǔ	日语	日本語	20
rìyuán	日元	日本円	4 看
róu	揉	揉む	9

S

sān kè	三刻	45 分	3 看
sānmíngzhì	三明治	サンドイッチ	5 看
sèlā	色拉	サラダ	11
shāfā	沙发	ソファー	14
shang	上	～の上	13

shàng	上	上る	21 看
shàng cèsuǒ	上厕所	トイレに行く	13
shàngbān	上班	出勤する、勤務する	3 看
shāngdiàn	商店	店	4 看
shàngkè	上课	授業を受ける	3 看
shāngliang	商量	相談する	8 语
shéi	谁	誰	2 语
Shèngdànjié	圣诞节	クリスマス	1 看
shēngqì	生气	怒る	17
shēngrì	生日	誕生日	2 看
shénme	什么	①なに	5 看
		②なんの	発·会話·5 看
shēntǐ	身体	からだ	10 看
shèzhǎng	社长	社長	21
shì	试	試す	8 语
shì	是	～である	発·5 语
shìhé	适合	似合う	8
shíjiān	时间	時間	15
shítáng	食堂	食堂	7 看
shòu	瘦	痩せている	20 语
shǒujī	手机	携帯電話	発·2 看
shòupiàoyuán	售票员	チケット販売員	4
shū	书	本	4 看
shuài	帅	かっこいい	9 看
shūbāo	书包	通学用かばん	14 语
shūcài	蔬菜	野菜	8 看
shūfu	舒服	気持ちがよい	9 看
shuì	睡	寝る	22
shuìde wǎn	睡得晚	寝るのが遅い	22 看
shuìjiào	睡觉	寝る	3 看
shǔjià	暑假	夏休み	23
shuō	说	話す	20
shuōhuà	说话	話す	17
sòng	送	贈る	19
suān	酸	酸っぱい	20 看
suì	岁	歳	2 看

T

tā	他	彼	2 语
tā	她	彼女	2 语
tā	它	それ	2 语
tài~le	太～了	とても～だ	20
tāmen	他们	彼ら	2 语
tāmen	她们	彼女たち	2 语
tāmen	它们	それら	2 语
tán	弹	(ピアノやギターなどを)	
		弾く	8 语
táng	糖	砂糖	20 看
tán liàn'ài	谈恋爱	恋愛をする	13 看
tàocān	套餐	定食	7
tǎoyàn	讨厌	いやなやつ	発·欄外
táozi	桃子	桃	8 看
tèbié	特别	特に	10
tī zúqiú	踢足球	サッカーをする	15 看
tián	甜	甘い	11 看
tiān	天	～日間	23
tiānqì	天气	気候、天気	9 看
tīng	听	聴く、聞く	4 看
tīngdǒng	听懂	聞き取れる	17
tóngshì	同事	同僚	13
tóufa	头发	髪の毛	10 看
túshūguǎn	图书馆	図書館	14 看
Txùshān	T 恤衫	T シャツ	19 语

W

wàimian	外面	外	7 语
wǎn	碗	(碗に入ったものを数える)	
		膳、杯	発
wǎng	往	～へ	16
wánr	玩儿	遊ぶ	発·7 看
wánr yóuxì	玩儿游戏	ゲームをする	17
wéi	喂	もしもし	15
wèi	位	(敬意をこめて人を数える)	
		～名	5
wèidao	味道	味	20
wèn	问	聞く	14
wèntí	问题	質問	15
wǒ	我	わたし	発·1 看
wǒmen	我们	わたしたち	発·2 语
wūlóngchá	乌龙茶	ウーロン茶	発

X

xǐ	洗	洗う	9 看
xià	下	下る	21 看
xián	咸	塩辛い	20 看
xiān	先	まず	5
xiǎng	想	①考える	8 语
		②～したい	13 看
xiāngjiāo	香蕉	バナナ	8 看
xiànzài	现在	今日	3 看
xiǎo	小	小さい	10
xiǎomāo	小猫	猫ちゃん	14
xiěhǎo	写好	書き上げる	17 语
xièxie	谢谢	ありがとう	発
xīguā	西瓜	すいか	8 看
xǐhuan	喜欢	好きである	8 看
xīngqī	星期	曜日	1 看
xīngqī jǐ	星期几	何曜日	1 看

xīngqīèr	星期二	火曜日	1看
xīngqīliù	星期六	土曜日	1看
xīngqīrì	星期日	日曜日	1看
xīngqīsān	星期三	水曜日	1看
xīngqīsì	星期四	木曜日	1看
xīngqitiān	星期天	日曜日	1看
xīngqīwǔ	星期五	金曜日	1看
xīngqīyī	星期一	月曜日	1看
xīnkǔ le	辛苦了	おつかれさまでした	発・会話
xiōngdì jiěmèi	兄弟姐妹	兄弟姉妹	15
xióngmāo	熊猫	パンダ	4看
xǐshǒujiān	洗手间	お手洗い	13看
xiūxi	休息	休む	7看
xǐzǎo	洗澡	入浴する	17看
xué	学	学ぶ	19看
xuéxiào	学校	学校	発・7看

Y

yán	盐	塩	20看
yǎnjing	眼睛	目	10看
yánsè	颜色	色	8看
yào	要	欲しい	5语
yào	药	薬	発
yě	也	～も	10语
yéye	爷爷	おじいさん	発・19
yí kè	一刻	15分	3看
yìdiǎnr	一点儿	少し	10看
yīfu	衣服	衣服	4看
yígòng	一共	全部で	4
yǐjīng	已经	すでに	3
Yīngguó	英国	イギリス	7看
yīnghuā	樱花	桜	7看
Yīngyǔ	英语	英語	発・20
yínháng	银行	銀行	14看
yǐnliào	饮料	飲み物	5看
yīnyuè	音乐	音楽	4看
yìqǐ	一起	一緒に	23语
yǐqián	以前	以前	19
yīshēng	医生	医者	5看
yíxià	一下	ちょっと	5
yīyuàn	医院	病院	16
yìzhí	一直	まっすぐに	16
yòng	用	使う	21
yòu	右	右	16
yǒu	有	①ある、いる	5
		②持っている	15看
yǒu rénqì	有人气	人気がある	11看
yǒudiǎnr	有点儿	少し	20
yǒujìnr	有劲儿	力が強い	9
yóujú	邮局	郵便局	発・13
yóuxì	游戏	ゲーム	17
yú	鱼	魚	発
yuán	元	人民元	4语
yuǎn	远	遠い	16
Yuándàn	元旦	元旦	1看
yuè	月	①月	1看
		②～ヶ月間	23语
yuèpiào	月票	定期券	2看
yùyuē	预约	予約	5

Z

zài	在	①(行為の行われる場所を示す)～で	7看
		②～にある、いる	14看
		③～しているところだ	17
zài	再	①それから	16
		②さらに、もっと	17
zàijiàn	再见	さようなら	発
zàn	赞	いいね	発・欄外
zánmen	咱们	私たち	2语
zāo le	糟了	しまった	3
zǎofàn	早饭	朝食	15
zěnme	怎么	①(方法を尋ねる)どうやって	16
		②(理由を尋ねる)なぜ	22
zěnme bàn	怎么办	どうしよう	10语
zěnmeyàng	怎么样	①(状態を尋ねる)いかがですか	9看・20
		②(意向を尋ねる)いかがですか	15
zhāng	张	枚	4语
zhǎo	找	探す	21
zháojí	着急	焦る	17
zházhūpái	炸猪排	トンカツ	11
zhè	这	これ	5语
zhèibianr	这边儿	こちら	5语
zhèibianr qǐng	这边儿请	こちらへどうぞ	5
zhèige	这个	これ、この～	5语
zhèli	这里	ここ	13语
zhème	这么	こんなに	22语
zhēn	真	本当に	11
zhēn de	真的	本当である	3
zhènghǎo	正好	ちょうどいい	20看
zhèngzài	正在	ちょうど～しているところだ	17
zhēnzhūnǎichá	珍珠奶茶	タピオカミルクティー	19看

zhèr	这儿	ここ	13 语
zhǐ	只	ただ～だけ	11
zhīdao	知道	知っている	14
zhīshì	芝士	チーズ	11
Zhōngguó	中国	中国	7 看
Zhōngguórén	中国人	中国人	7 语
zhōumò	周末	週末	23 语
zhù nǐ shēngrì kuàilè	祝你生日快乐	お誕生日おめでとう	2 看
zhǔnbèihǎo	准备好	用意ができる	17
zhuōzi	桌子	机	13
zìjǐ	自己	自分	14
zìxíngchē	自行车	自転車	16
zǒu	走	行く、歩く	16
zuìjìn	最近	最近	9
zuò	坐	①座る	21
		②乗る	16 看
zuǒ	左	左	16 看
zuò	做	する、作る	8 看
zuò jiāwù	做家务	家事をする	7 看
zuò cài	做菜	料理する	20 看
zuótiān	昨天	昨日	1 看
zuòwán	做完	やり終える	17 语
zuòyè	作业	宿題	8 看

著者紹介

李　林静

湖南大学日本語学部卒業。
千葉大学大学院社会文化科学研究科博士課程修了。
成蹊大学教授。

中桐　典子

お茶の水女子大学中国文学科卒業。
同大学院修士課程修了。
大学非常勤講師。

余　瀾

南京師範大学中国文学部卒業。
東京都立大学（現・首都大学東京）大学院修士課程修了。
大学非常勤講師。

表紙・本文デザイン・イラスト　富田淳子

リスニング強化 演じる入門中国語

検印省略

© 2020年1月31日　初版発行

著　者　李　林静
中桐典子
余　瀾

発行者　原　雅　久
発行所　株式会社　朝日出版社
〒101-0065　東京都千代田区西神田3－3－5
電話(03)3239-0271･72(直通)
振替口座　東京　00140-2-46008
http://www.asahipress.com/
倉敷印刷

ISBN978-4-255-45328-6 C1087